教育，花開不落

Education, Enduring Beauty of the Blossoms

主編：何漢權 黃冬柏 文灼非

目錄

序一

何漢權 BBS，MH
教育評議會主席
國史教育中心（香港）
校長

花開花落，雲淡風輕，這是對人生經歷所表達的一種態度，說是看透世情的寬容豁達，是無執無慮的處世價值觀，物換星移，無常有常有一樣，自我感覺良好，人生最愜意。

但教育長青卻難以輕快，孩子在教養中，方法不同，本質本義依然，守常才能應變，育人互動頻繁，教學無小事，一句說話、一個動作，是真情是假意、是教者為本？抑或以學生的健康成長為念?同理心必須保温，愛是恆久忍耐，常規守法必須有，集體相處、互學學習要顧己及人，自私自利要不得。誠意、正心，修身，齊家，服務社會，愛護國家，都是不能看輕的育人原則。家庭照顧代代相傳，學校薪火長燃不息，社會氛圍感染薰陶鑄造，無處不在。人人守教，人人有責，內外循環，文明、文化的進步與發展，眾裏尋它千百度，教育在燈火闌珊處。

個人的成長發展與社會的文明演進是相激相盪，互為表裏，正面思考、是暴雨到暴戾？是樂觀到積極奮鬥人生?若然，正面思考、正面價值推動，設定教育目標，彼此團結合力，整個社會必然一起進步。

教育，花開不落，花開結果是纍纍果實？抑或未腐先壞，就看教育的土壤怎樣灌溉，端賴的是站在各崗位的施教者是否用心用力，不欺家庭，毋負校園，重視社教，最終不因為甚麼，只因為學生就是我們的下一代。無怨無悔，花開不落，怎樣的政府就有怎樣的教育投資與政策，怎樣的家庭教育就有怎樣的孩子，怎樣的校長言行就有怎樣的老師，更重要的，佔份額最大的學校，大教育大培育，德、智、體、群、美，個人與集體並重，怎樣教學水平的老師就有怎樣的學生，古代、近代、現代走過，未來也必如是，怎麼栽種，怎麼收！

中國改革開放40多年，綜合成就反映在14億人口的生活水平大大提高，最難的脱貧工程，基本水到渠成，科研、建設的打　果是有目共睹，原因是多方面，其中一條主線，筆者認為是1977年8月上旬，鄧少平先生毅然決然宣布，即年恢復停止多時的高考，要用公平、公正的公開考選制度，吸納人才，進入各大學，是年的冬季，馬上執行，27萬多的考生透過考試進入大學。40多年易去，咱們國家的科學與人文精神的實體發揚，都與教育智慧與力量得到釋放，起着十分關鍵作用。實踐檢驗真理，教育無聲有聲地，永續的影響社會大局。

教育評議會（下稱教評會）成立已歷銀禧，會員以「研究、評議、實踐」三合一的目標相凝聚，各會員自我要求，先在個人工作崗位上，發揮教學專業精神，以育人為己任，於專科教學上，在學校行政管理上，各有獨特所長，學養修為加深積厚的同時，申報加入，以此作為加入教評會的自我期許，再將累積的寶貴經驗，於香港教育的客觀政策上、在微觀的實踐上，出言獻策，擔當無償的義工，在教評會的教育平台上，一起為教育盡棉力！

過去五年，教評會與優質的網上媒體灼見名家合作，設下「教評心事」專欄，參與寫作的教評人，無償付出，文字見心聲，黃冬柏校長長期擔任匯編的艱辛工作，將教評人文章放在灼見名家提供的網上平台裏，留下不同範疇的獨特見解，與學界及社會各界彼此互動分享，頗獲好評。每年「教評心事」專欄文章，蒙何志豪先生及同心教育基金會慨捐全資出版成書，寄贈與全港中小學，電子版亦在教評網頁上，免費收看及下載，彼此鼓勵支持，同走教學專業之路。本年度，同獲郭媛平女士及中華歷史文化獎勵基金接續全資贊助出版，同是教育有心人，情義無私，花開不落的重視教育，筆者必須代表教評心事全體作者，表達由衷感銘！教育各個持份者堅信，育人事業不落空，赤子之情永續，一國兩制下的香港教育是滿有發展前景，能量無限！

序二

文灼非
灼見名家傳媒社長及行政總裁

與教育評議會的合作踏入第7個年頭，非常難得。從2014年9月開始，7年來由周一至周五在灼見名家網站無間斷刊登多位校長、老師及教育工作者的文章，可以說，我們是全港最重視教育內容的網上媒體。每年由教評會精選數十篇文章結集出版，在實體的世界再傳播一次，惠及喜歡看紙本的社群，特別是圖書館的收藏。即使今天是虛擬世界成為主流，我們仍然堅持每年結集，樹立風氣。

去年初至今疫情肆虐，仍未有消退的跡象，對香港教育界影響深遠，也加快了學校發展遙距教學的步伐，讓年輕老師團隊有機會大顯身手，創造了不少新的教學模式。今年本書以「新冠疫情下的教育現場」為主題，記錄了不同學校面對這場世紀疫症的應對之道，相信是同類題材的第一本教育專著，彌足珍貴，值得教育界同仁分享參考，互相學習。作為傳媒，我們在過去的一年也面對很大的挑戰，毫不間斷每天堅持出版文章及報道，發布視頻，緊貼時事發展，與各界同心抗疫。

本社今年初舉辦了一個與教育相關的大型項目，是腹有詩書——全港小學校際中國語文常識問答比賽，得到語常會及多個基金會、大學及熱心機構的贊助與支持，是一個大膽的嘗試。去年底我們向全港小學發出邀請，目標是最少54間學校參加比賽。在第四波疫情持續的情況下，我們一點把握都沒有，只有勇往直前的鬥志。在眾多教育界朋友的幫忙推薦下，在截止報名日子前竟然奇蹟般收到足夠的報名學校，活動得以在2月底順利開展。我們十分感謝各校的老師在疫情打亂學校的教學安排下，仍願意抽時間為學生參賽備戰，也難得獲家長及學生的支持。為期3個多月的28場比賽，從初賽、複賽、準決賽到總決賽，每場我都親自參加擔任評判，與10多位來自不同大專院校的顧問、評判見證香港年輕學子的中文水平，的確嘆為觀止，反映出他們訓練有素，充滿對中文的熱愛與激情。

透過這個別開生面的比賽，在推動香港中文教育方面有不少意外收穫。數月間在與學校校長、老師、學生及家長的互動中，大家都十分肯定腹有詩書比賽的意義，有校長決定改變行之已久的中文課程，加強雙語訓練；很多老師透過這個活動更有效提升學生學習中文的興趣；同學喜歡從遊戲中學習，自發閱讀大量優美文章及詩詞；家長很高興孩子愛上了中文書籍及傳統文化，中英並重。我們透過灼見名家網站、Facebook、YouTube平台、電視製作及廣播、報章及網媒報道，把這個活動推廣普及至世界每一個角落，得到很好的口碑，在疫情下能得到意外收穫，真是喜出望外，非常感恩。

教育，花開不落，這一年讓我體會極深！

編者的話

黃冬柏
新會商會中學校長

剛過去的幾百日對於全球各地民眾來講，都是很難捱的疫下日子；工商百業面對無了期的逆境，科研醫護奮力鑽研抗疫良方。然而日子需要盡量如常地過，疫境難捱但不可以失去希望，人生和社會的未來繫於教育工作，所以肩負教書育人的前線絕不可鬆懈。

「教評心事」專欄滿載我們作者團隊在這一年內對疫情、逆境和前線教育的心意和寄望。因此在籌組最新結集《教育，花開不落》時，就決定破天荒地設下主題「新冠疫情下的教育現場」，輯錄反映疫情對教育現場生活、學與教、兒童和青少年的成長、校園管理與領導的應變策略等等的影響，以及由此牽引而來的種種思考、價值取向、政經社教各個範疇的情況。這輯結集就是我們對此歷史事件刻下的記憶，表達我們對社會與教育的關懷。

雖然設定以疫情為主題，但作者們的興趣多元化兼十分廣泛；因此回應主題的選文約佔七成，餘下10多篇文章的內容都是各具特色的，也是相關作者本身的專注擅長的範疇。參照以往的分類，即教學、學生學習、政策與社情、校園生活等，各範疇所佔比例也大致相若，當然前二者仍是佔比較重；這個初步分析正好説明，關注教育的我們的心事，始終離不開「教」與「學」、學生的成長。期望各位讀者理解到這番心事，讀過文章後可以分享到作者的教育心。

疫症無情，但未必是絕對災禍；透視疫下教與學經過，我們仍然是可以篩尋到一丁點優勝之處。隨著抗疫停課而發展出來的網絡授課（網課）成為延續教與學的不二法門，甚至延展到學習以外的校園活動、訓練、生涯規劃和課外活動上加以運用；結果電子化教學和應用在短短不足十個月來，教師和學生的技能、軟硬件的使用都出現了飛躍發展。然而，由網課操作帶來的規律、習慣、健康問題亦不少，還因為在家學習而加劇了親子衝突的困局。作者在上述多個方面都提供了不少深刻闡述和前線分享。網課也成為了疫情下的一面風情畫。

除了網課外，其他在社會教育制度、培育學生、考評、價值教育的思考上，都湧現出不少新的挑戰與衝擊；作為前線解難和應變的經驗，亦借用作者的筆耕留下痕跡。

「教評心事」撰文刊在灼見名家網站上，本來這就是初心；透過結集選出作者精選文章以為印記也是我們的心意。今次結集也是沿著過去多年軌跡而行。社會百業遭受疫症打擊遇上經濟低迷時，幸好得到中華歷史文化獎勵基金的慷慨支持，讓最新結集有機會成真。結集的出版體現了教評和灼見對教育的堅持和投入是得到社會有心人的肯定。除多謝基金支持之外，借此一角感謝灼見編輯同事三百多日的校正，以及廿多位作者同工的努力筆耕；讓結集凝聚我們的教育專業力量，回饋社會。最後，不厭其煩地多説一遍，多謝讀者拜讀和支持，這全是鞭策我們心事群組仝人努力不懈、精益求精的力量。

作者簡介

何漢權，BBS, MH，現職國史教育中心（香港）校長、教育評議會主席、風采中學校董、香港大學中史碩士同學會會長、深圳大學饒宗頤文化研究院客座教授。常就學生成長、家庭教育、教育政策、教學專業及國史教育等課題在各大報章撰文，並常就相關課題，接受新舊媒體專訪。現為《信報》、《星島日報》及《文滙報》教育專欄作者。近著有《有教無懼》、《驕陽引路》、《是一場春風化雨》、《教育茶餐廳》及《教育，過眼不雲煙》等書。

文化深層認同 國家向心所在

教育，從來都會掀起爭議並產生異議的。究竟什麼是教育？教育的理論如何？目標怎樣？受惠受教的對象是誰？資源投放優次如何界定？怎樣實踐？誰要為教育得失負上責任？疑問是千條萬條，答案是難以統一，這是教育惹人苦惱，卻又吸引有志同工委身之處！就以學校教育為例證，東西南北，歷史不老，古之「庠」「序」，今之「學校」實體與制度是歷久常新，存在決定道理，風雨無悔，師生互動、代代相傳，情義理法的教學都在其中，但另一邊廂，不信任學校教育的「非學校教育」（dischooling）亦早已出現，從理論到實踐，日積月累，隊伍亦日益壯大，世紀疫情出現，網上遠程教學借勢全面上馬，地球依然運轉，學童硬知識透過電腦先進軟件穿插，快速增長。於是，更有教育學與未來學的專家預言，學校制度式的教育，將會被資訊秒速飛快的、AI無所不能的時代，淘汰云云。

近月以來，由港澳辦主任夏寶龍公開提出「愛國者治港」，再經全國人大、政協兩會熱議，成為定案；南方一隅的香港特別行政區，必然要回應，政府至社會各界分別演繹，學校教育也得重新出發，於教學課程上，於教學實踐上，要履行愛國教育，但何謂愛國教育？怎樣在一國兩制下的香港特別行政區施行，情義理法俱在的落實，從香港的教育現場看，筆者認為有三不，此即「不能急躁、不能迴避、更不能懶惰」，而是設定方向，定下具體內容，要以學生為本，按部就班的分級、心清理正地全面推行。

中華文化經得起時間考驗

兩會期間發布不少重要的新聞訊息，筆者最注意，也是最重視的其中一條，就是國家主席習近平出席內蒙古代表團審議時，當中強調「文化認同是最深層次的認同，是民族團結之根、民族和睦之魂」，習的幾句講話，相信這對聚落世界各地的華人，乃至因着歷史流變、法律定性，硬要涇渭分開「香港人」、「中國香港人」以及「中國人」都有很大程度的心領神會，而對今天香港特別行政區的學界各個持份者而言，更值得深入思考，並付諸實際行動以回應習的「文化最深層次認同論」，從而彰顯此一重要論述。確實，文化認同是最深層次的認同，擲地有聲，當一個國家文化愈失落，民族團結與和睦就愈形困難，國民身份認同的危機就愈演愈烈，麻木不仁，後果堪虞！

中國是多元民族組成的國家，日月星辰，民族摶成，漢滿蒙回藏以及各個民族，求同存異，既孕育統一、共同的語言、文字、制度，建構國族身份，國民付出應盡的義務並享有國家保護的權利；同時，各族保留獨特的生於斯，長於斯的風俗與生活習慣。此一綜合的寶貴積澱，可概稱之為中華文化！自有可信文字記述以來，中華文化近五千年傳承永續。山川河

兵馬俑是珍貴的中華文化遺產。（Shutterstock）

嶽，吾土吾民養就的中華文化，經得起時間的考驗，可觀、可用、可永留內心深處，代代相傳，並能廣披四海，這文化文明共體，跨越了大江大海、崇山峻嶺，儼然已成為世界文明極為珍貴的一脈！英國歷史學家湯恩比於上世紀70年代中期，就從歷史的大視野預估中國將於二十一世紀會再次興起，成為世界舉足輕重的國家。湯氏的理由有兩點，其一是中國經濟的潛藏力量的發揮；其二是中華文化復興，將衍生強大的生命力與創造力。

世紀疫情，中國應對得法，是否純然封城夠準夠狠就可以？看中國醫療藥學的文化傳統深厚，可追索根本史因，單以明朝李時珍著有《本草綱目》而言，該書勘誤及總結歷代所有藥材的資料，成為震驚全球的醫學鉅著，庶幾可窺見中國醫藥學問文化之深厚。事實上，《本草綱目》早已被翻譯成多國文字，供他國所用。要理解為何中國在短短40年改革開放於天文、科研「神速」原因，亦可翻閱中國古代著名天文學家東漢張衡《候風地動儀》、《漏水轉渾天儀》等著作；南北朝數學家、天文學家祖沖之著有《綴術》、《大明曆》、《安邊論》亦甚可觀；而元朝郭守敬，精通算術和水利工程，創立了水壩的基礎構思，一生精彩，側寫中國鋪橋築路文化之深厚堅實！

愛國教育從國史的認知而來

筆者始終認為國民的愛國教育是從國史的認知而來，惟有在國史的長河裏，方有國學（中華文化）可述，國情可知，國史告訴國民，先民艱苦奮鬥的拼搏，這是有國之最根本；不懂春秋戰國漢唐宋元明清，又怎樣瞭解學術上的百家爭鳴、漢賦唐詩、宋詞元曲、清章回、民國新文學之深邃奧妙，並與時代相適應？

筆者服膺國學大師錢穆先生所言：「一國之民，對其本國以往歷史，應該略有所知；對本國以往歷史之溫情與敬意」。錢氏在反對偏激的虛無主義的同時，國民亦要不自以為是，將自己所處的時代，捧在歷史之最高頂點，當具備如此素質之國民愈多，國家就愈有希望。回歸後的香港教育，於國史、國學、國情的課程教學裏，能逐級而上，因材設教嗎？教育現場呈現卻是，今天中學文憑試的報考科目裏，中國歷史只剩下6,079人（僅佔總體考生十分之一），中國文學更是僅得1,426人，學界必須正視！香港故宮博物館將於明年正式啟用，又看如何推動中國歷史文化及藝術了，筆者是依然樂觀其成，最後，以「文化深層認同，國家向心所在」作結！

原刊於《信報》
2021年3月13日

教育，安後方能慮、能得！

尋常百校，誰都不想受到政治干擾，但政治就是權力爭奪，愈具世界性的「高級別」鬥爭，影響就更無遠弗屆，寧靜的校園，不管學校如何接種抗拒政治的疫苗，也無法免疫的了。美中角力，興風作浪，巨大非常，波及世界。書寫美國位置主動在前，中國被動，位置在後，原因在於這場撕磨消耗沒完沒了的，暫無實體硝煙的戰爭，是由美國挑起無疑，時時事事，幾乎是全方位的針對中國，聯群結隊，多加指責，恍若中國政府施政，無論外交、內政都是百般錯，卻沒一件事情做得對。中國，永遠政治不正確！總的是，美國領銜的西方價值必須灌頂，再發狂風掃走任何有利中國的事實，中國必須要被描繪至不能再黑的地步！再謊的話，説了一百次，只要操弄主流媒體得法，話語的能量就變得更大，橋段不怕舊，最重要的是群眾接受，看今天美國部分地區由反中再至反華的暴力事件，實在駭人！

新疆「問題」棉花生產的過程，每一工序都構成強迫勞動的罪，果真是苦了棉花，又害了維吾爾族的人權？中國政府在新疆施政，連種族滅絕最不堪的用語，都被冠到頭上去了。這就是西方價值成功的彰顯？但新疆的現況、新疆事實的全貌，是「種族滅絕」嗎？事實是新疆人口在不斷遞升，回疆天山南北路，整體老百姓走向全面脱貧，且甚有機會向全民小康之局進發！但美國聯合西方列強連日本在內，毫不友善的盯着中國，卻又是以眼不見「滅絕」的先知式批判，竟要先制裁中國「違反」人權，再是要制裁中國的一切。「正義」的彼岸，美國高舉的西方價值，這價值的堅挺，最重要支撐仍是軍事、經濟、科研的綜合國力，儘管美國愈來愈要霸，但不得不承認，美國仍是當今綜合國力最強的國家，美金與美軍齊出，誰與爭鋒？事實上，從二十世紀開始，美國已經取代英國獨霸全球，至今依然，美霸原因多樣，其中十分重要的關鍵是，美國本土自1865年夏天南北戰爭結束後，延綿超過一個半世紀的光景，漫長的和平、穩定、建設、發展的時期，安全都與美國同行，直至今天，大抵如是，這是上帝照顧恩寵之國。相對於中國，晚清以來，列強侵害超過百年，日本更是跨世紀的虎狼兩度狂噬，中華民族幾度陷於「亡國滅族」的危機。孤軍殘力，抵擋無數大小的列強侵略戰爭，無數軍民犧牲，方能火鳳凰。中國近代史就是一部痛史，忍着歷史傷痛，中國人不得不在多難下苦思興邦。好不容易，改革開放四十年，韜光養晦，穩定壓倒一切，中國方能全面躍進發展！特別要一提的是，一國兩制的倡導者鄧小平先生，於1977年8月3日於科學和教育工作座談會結束前公布，恢復高考，取消階級定性、壓抑培育人才的，並十分愚民的推薦制度。翌年，再派13名副總理一級幹部出訪歐美五十多個國家，歷史回顧，這是改革開放能釋放能量，全面躍進，科研、軍事、經濟人才輩出的重要底因！

愛國教育要細水長流

一國兩制下的香港，不斷摸索，磨難也不少，經歷2012年國民教育科事件，2014年非法79日佔中事件，2016年旺角磚頭暴力之夜，以及2019年有削骨之痛的反逃犯修例的社會大動亂，香港人心惶惶，終於由中央政府設定《國安法》，以及定下選舉新方案，這對香港的生活安全確實產生關鍵作用，香港特區《基本法》得到有力的落實。治亂當要用法典，但要香港特區再現安定繁榮，人心歸向，還是必須由教育入手，加強新一代的社會責任感，讓香港情懷、國家觀念、世界視野三合一的、連體的情、理、法、義的教育，必須全面推行，教學專業同工亦要認真看待國民、國史及國安教育，卻又不能忘卻「三不」，此即「不焦慮」、「不懶惰」、「不迴避」，要從幼稚園教學拾級而上，愛國教育不能一促即蹴，卻要細水長流。新冠名之學科，取「公民與社會發展科」之名，公民意涵香港市民、國家國民以及世界公民，三位一體之統稱，「社會發展」是動態的、永續的。而課程內容設定下的三大範疇，即「一國兩國下的香港」、「改革開放的中國」，以及「互聯互通的世界」，亦是普及教育下師生要採取正向學習的態度，期望教局在2021年7月前，能為學校中四提供該科的教學資源及試題範本。事實上，上文提及三大範疇的教材並非存放太空裏，而是俯拾即是，只要教育局拿出魄力，以學生學習為本，必然可以在最短時間內，與書商合力，出版審定教科書能為師生所用，不能再走十多年前，通識科墮入長期無書可用的教學亂象。想起《大學》幾句話：「知止而後有定，定而後能靜，靜而後能安，安而後能慮，慮而後能得」，欣欣期盼安定。這是中華文化早熟的智慧，確實，教育安後方能慮、能得！

原刊於《信報》

2021年4月13日

校教 家教 社教

有剛卸任的大學校長，接受電台訪問，指出反修例風波整個社會需要反思，卻又簡約由此帶來大亂原因，認為是社會少了溝通，「藍黃不傾偈」，並稱如有人把問題歸咎教育界及大學，這是「非常不負責任，誰說也是不負責任，這是社會問題，不是教育問題」，卸任校長之言，究竟準確度有多少？筆者看罷聽罷，首先必須鄭重指出，經歷近十年的社會動亂與撕裂，香港重建，大家有責，而不是卸責，特別是整個教育界的各個持份者，當然包括大學，共同任重道遠的承擔是必須的，否則，怎能配備「教育專業」！

日轉星移卻有常情常理在，二十世紀初升，筆者接受教師教育的培訓課程，理解教師專業，當要有學科、課程、方法、社群文化、資訊科技、班級經營、學校管理、訓導輔導等知識，並由此知識的掌握，衍生重要的價值觀，不停思索師生互動，透過教學體悟大愛與溺愛的分別，亦明白教育並非單指學校教育，還有家庭教育，以及可能更重要的社會教育，三者缺一不可，如視學生為社會珍貴的下一代，社教、校教、家教都要有承擔，都要有目標與方法，從而回應大小社會、國家與時代變化的要求！

掌控車輛的司機，必須要有倒後鏡，然後才有煞停、減速與增速前進的安全，否則人車兩翻，車毀人亡，這是淺顯道理，奇怪的是，特區回歸中國23年，整個香港看不重，乃至完全喪失看到後鏡的意識與能力，只管往前衝，到頭破血流，所在不計，造成多輸的局面，若說反修例造成香港的大創傷，「這是社會問題，不是教育界及大學的問題」就是不肯、不想、不會望倒後鏡的顯例！再大的交通意外都是咎由自取！苦了自己，傷了別人。

《國安法》製訂前的整整一年，香港烽火連天，違法暴力處處。（亞新社）

由2012年説起

打開倒後鏡，自2012年起，教育局以設定國民教育科，藉此推動國民教育的拙劣缺口，部分自私自利的政黨與政客有機可乘，以譁眾能取寵、嗜選票如血，製造洗腦恐懼的政治宣傳手法，不斷尋求外部勢力聲援，煽動激情激進的青年，乃至少年，走上前台，高調反對國民教育，掀起反香港特區政府，乃至反中央政府的非法行為，已充滿政治化的學生組織──學民思潮排隊頭，結合親美、依英、反共乃至反華的媒體、工會，以及「學者」的成人組織，明目張膽在台前幕後支持，已經有第一次的非法佔領政府總部。革命由亂開頭，當中已包含清楚的「社會教育」及「學校教育」在裏頭！這些合體「教育」繼續燃燒，兩年後，乃有2014年非法佔中79日，香港社會秩序空前大亂，佔金、擺銅、堵旺，香港最旺之地，已成為最暴亂之地，而視頻所見有小學低年班學生站在桌上，朗朗上口罵特首，大家十分接受，這是家庭「教育」湊熱鬧的實在。政府各部門竟不思對策！隨後的「教育」愈演愈烈，2016年旺角磚頭飛磚暴動之夜，已有毆打維持法治警察的兇狠行為，大學生陸續參與暴動且愈站愈前線，暴力已不饒人；2019年藉口反對逃犯修訂條例，將香港破壞至稀巴爛，打砸燒四處都出現，再加新舊媒體的推波助瀾，後遺傷痕至今未愈。自2012年計起至今，香港社會大小的動亂，各式各樣的破壞，使得真心愛護香港的人，都感到痛心，有份參與非法暴力行為的，大、中乃至小學生所佔的比率，高達四成，嚴重破壞香港長久以來的和平、善良、融洽相處、包容多元的美好價值，獅子山下的最安全，驟變成維港兩岸的最恐怖！這與教育界及大學又無關？

再看學校教育現場，察看小學、中學乃至大學的教育過程，一些學校，何曾有顧念民族情、國家觀？在夾心關鍵的中學階段，教育局大張旗鼓推行落地的通識科，教師在教授今日香港、當代中國，何曾導出香港與國家生命連體的重要性，並以此教導學生？抑或事事皆以「怨」、「恨」、「憎」、「厭」、「仇」的負面前設，向學生演繹當代中國？事實上，課程及考評的公開試考題充份政治化，務必要教師所教、學生所學要走向事事有陰謀可揭？中國除幹壞事以外，就什麼都沒有。每有暴亂事件，被責怪、責罵的總是維持法治的警察，參與違法與暴力的學生，不論班級、不限年齡，總是稱頌成被迫害的、優秀的一群！大學校長竟相信大話連篇的「受害」女生的被警察性侵遭遇，竟將中大校長的信譽押上，去信責罵警方「暴力」對待學生！曾幾何時，「黑警死全家、絕子絕孫」竟成光明正大的詛咒，宣之於口，化之於文字的，是學界的「教育專業」人歪情歪理歪現象，其此為甚！

在大學「自由」氾濫的角度裏，有大學生公開破壞校園、破口大罵不同意見的老師，又有堂而皇之、拉隊衝上大學校務處，迫令停考普通話考試，用的方法是大聲呼喝，粗口爛舌；沒有最誇張，只有更誇張，有親美頌英的大學教授，公開向香港學生預言，要有心理準備：「有一天起床，中國國旗無法升起」，更有離譜的大學法律副教授，先宣揚「違法達義」，再高調推出「攬炒跳崖」，究竟，如此學界亂象，毒害學生的嚴重問題，這與教育界及大學教育無關，且沒有責任要承擔？《國安法》製訂前的整整一年，香港是烽火連天，違法暴力處處，各間大學都受着不同程度的大破壞，各大學校長有站出來，公開譴責違法與暴力行為嗎？或許，都認為去年社會的大動亂，教育界及大學都不需要負責吧！最後，以「校教，家教，社教」作結。

原刊於《信報》

2021年1月21日

作者簡介

朱啟榮，香港大學教育博士，多間幼稚園、小學、中學校董，現任中華基督教會協和書院校長，曾任多間中學校長、副校長。曾任津貼中學議會執行委員、黃大仙區中學校長會副主席、香港中學校長會執行委員及屯門區中學校長會秘書；並擔任香港大學、香港中文大學及香港浸會大學兼任講師。曾連續三年（2013、2014及2015年）帶領中華基督教會協和書院獲得香港最受推崇知識型機構大獎（Hong Kong Most Admired Knowledge Enterprise〔MAKE〕Award），為第一所本港獲此殊榮的中學。2014年度更獲全港首名得獎機構及榮獲亞洲最受推崇知識型機構大獎。

知識管理中的「知識論」

在近兩年的「教評心事」，筆者集中討論學校文化；由本文起，筆者將改為探討知識管理與學校的關係。筆者在此系列中擬先探討知識管理中的「知識論」（epistemology）。

知識論是探討「知識」的本質、起源和範圍的一個哲學分支。它涉及以下問題：「知識」是否客觀且可量度？「知識」是否可以從學習中獲取？還是需要從經驗中獲取？什麼是有效「知識」？為什麼？……

定義「知識」一詞並非易事。筆者集中關注知識管理文獻中如何定義「知識」；儘管已收窄探討焦點，「知識」的本質仍不易釐清。因為，當代有關知識管理的不同文獻對「知識」定義差異很大。因此，筆者嘗試介紹知識管理研究者及從業人員對「知識」的不同的定義和描述，以反映他們的不同理解。

Hislop（2009）發現，知識管理領域的不同研究者各自使用其不同的定義，其中以兩個主要觀點在文獻中佔主導地位：「客觀主義」（objectivist）觀點和「實踐為本主義」（practice-based）的觀點。「客觀主義」觀點認為，知識是一項可分拆及組合的實體。它可以被編碼，也可以被不同人擁有，並在不同環境中使用；相反，「實踐為本主義」相信知識滲透在社群之中，是人們在工作過程中發展並實踐出來，與其發展的環境不可分割。

Schultze & Stabell（2004）提出另一個有用的框架，將知識管理文獻對知識的概念進行分類，分析不同研究者的定義。Schultze & Stabell（2004）

定出一個兩個維度的框架，產生四個獨到的知識定義。第一個維度就是二元論（dualism）與雙重性（duality）。二元論認為世界由兩種不可缺少且相互獨立的元素組成；雙重性認為該兩種元素並非相互獨立，而是可以並存。Schultze & Stabell（2004）認為客觀主義觀點是「知識論」的二元論，意思就是客觀主義觀點下的「知識」是兩種相互獨立的元素組成；而「實踐為本主義」則為「雙重性」，意思就是客觀主義觀點下的「知識」是兩種並存的元素組成。Schultze & Stabell（2004）表示，「客觀主義觀點」中的知識是兩種不同的類別同時並存，而「實踐為本主義」觀點下的知識則被認為是不可分割的。

Schultze & Stabell的框架的第二個維度與社會秩序（social order）有關，將現有社會秩序分為兩種類型：

第一種類型：「共識」（consensus），現有的關係被認為是沒有問題（unproblematic）的。

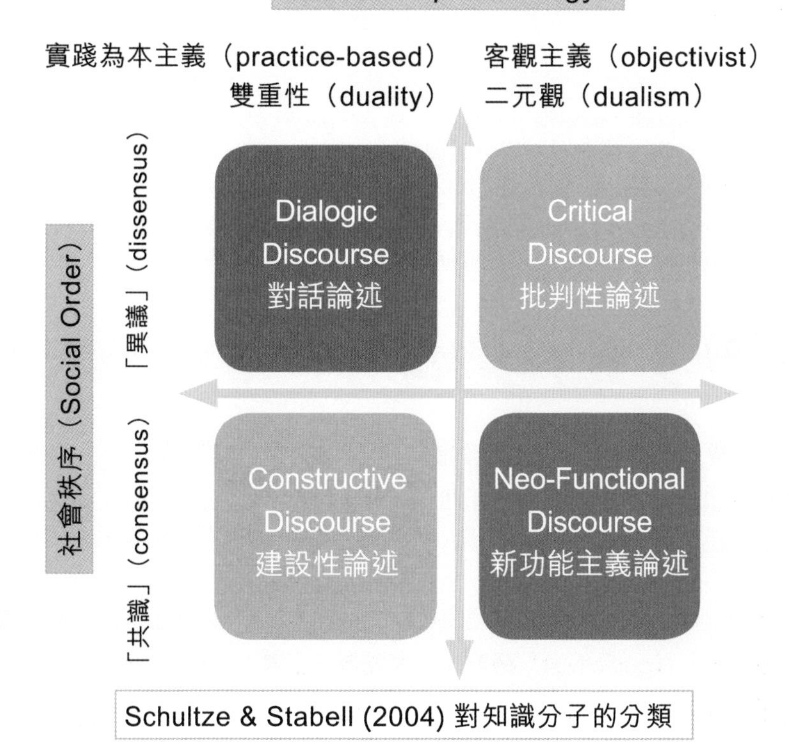

Schultze & Stabell (2004) 對知識分子的分類

第二種類型：「異議」（dissensus），現有的關係被認為是有問題存在（problematic）的，成員間常有衝突，通常會導致權力遭到剝削。

知識概念的四種分類

儘管在知識管理文獻中，基於「共識」的社會秩序觀點寫成的文獻佔大多數，而以「異議」的社會秩序觀點為基礎的文獻卻絕無僅有，使該維度的關注度不高，但他們仍將上述所有關於知識管理的論述盡收，一併列於下圖：

Goles & Hirscheim（2000）認為在知識管理文獻中，如同Schultze & Stabell上述框架對知識概念的四種分類般，以新功能式概念（即客觀主義觀點）定義知識是最為常見的。儘管新功能主義關於知識管理的論述似乎如此流行，但筆者還是要考慮借鑒其他三種知識管理研究的成果。因此，筆者期望通過研究知識管理文獻，了解關於知識的可管理性以及知識管理所可能涉及的衝突、權力和政治的程度，以便進一步反思各種知識概念觀點的特點。從上述Schultze & Stabell（2004）的分析，我們初步了解到知識管理研究者及從業人員對「知識論」的一些基本概念。

2020年3月17日

參考文獻

Gales, T., & Hirschheim, R. (2000). *The Paradigm is Dead, the Paradigm Is Dead ... Long Live the Paradigm: The Legacy of Burrell and Morgan, Omega*, 28/3: 249-268.

Hislop, D. (2009). *Knowledge management in organizations: A critical introduction.* Oxford University Press.

Schultze, U., & Stabell, C. (2004). Knowing What You Don't Know: Discourse and Contradictions in Knowledge Management Research, *Journal of Management Studies*, 41/4: 549-573.

客觀主義知識論

上文筆者重提知識管理，並介紹知識管理中的「知識論」（epistemology）。在本文將繼續探討知識管理的「知識論」（epistemology）的「客觀主義」（objectivist）觀點。

上文已簡介Hislop（2009）認為主導知識管理領域在文獻的兩個主要觀點：「客觀主義」（objectivist）觀點和「實踐為本主義」（practice-based）的觀點。「客觀主義」觀點認為，知識是一項可分拆及組合的實體，可以被編碼，也可以被不同人擁有，並在不同環境中使用；相反，「實踐為本主義」相信知識滲透在社群之中，是人們在工作過程中發展並實踐出來，與其發展的環境不可分割。

Cook and Brown （1999）認為「客觀主義」（objectivist）觀點是一種「擁有者知識論」（epistemology of possession），反映知識具有以下特徵：

客觀主義知識論的特徵：

- 知識是一個實體 （entity/object）
- 知識是一個客觀的事實
- 外顯知識勝於是內隱知識
- 知識是由認知思考過程的產物

知識是一個實體 （entity/object）

客觀主義觀點以「知識是一實體」為其主要特徵。知識被人們視為一種實體或一種商品，可以讓人擁有，但能以「可編碼的形式」（codifiable form）獨立於人而存在。其形式多樣，可以是文檔、圖表、電腦系統，或嵌入機械或工具等物品中，例如電腦操作程序手冊可以多種形式存在，例如是文檔形式，或以CD、網頁等顯示，因此是一種「外顯知識」（explicit knowledge）。

知識是客觀事實

另一個假設是知識是客觀的，意思是知識本身及他人對知識的理解是客觀的，不會受個人主觀看法所影響。這就是McAdam & McCreedy（2000）所提倡「知識就是真理」的觀點，他們認為「外顯知識」等同於科學事實和法律規範，在不同歷史時期及文化依然不變。McAdam & McCreedy的觀點深深植根於「實證主義」哲學（positivism）。「實證主義」認為社會世界可以科學方法研究，意思是社會現象可以進行量化和測量，因而建立一套的定律（laws）和原則（principles），而最終可以產生「客觀知識」（objective knowledge）。

外顯知識勝過內隱知識

「外顯知識」（explicit knowledge）勝過「內隱知識」（tacit knowledge），主要是因為「外顯知識」被視為等同「客觀知識」（objective knowledge）。另一方面，「內隱知識」因難以明確、外顯方式表達，被認為較為非正式，較不嚴格且高度主觀。「內隱知識」與其擁有者不易分離，易受所處的文化所影

知識主要被視為需要經過認知思考過程產生出來，是一項人類智慧的實體（又可被編碼解讀）。（Shutterstock）

響。Nonaka （2000）對於「外顯知識」及「內隱知識」有以下評論：

「『外顯知識』可以用正式和系統的語言表達，可以數據、科學公式的形式與他人共享……相反地，『內隱知識』是高度個人化的知識……主觀見解、直覺和預感都屬於此知識類別。」

知識是由認知思考過程的產物

知識主要被視為需要經過認知思考過程產生出來，是一項人類智慧的實體（又可被編碼解讀）。Cook & Brown（1999）建議，知識是「存於腦袋的東西」（something that is held in the head）。從這個角度看，創造知識及產生知識是來自反思的過程（個人或集體），並且主要是認知過程。

「企業知識為本的理論」（The knowledge-based theory of the firm）

「企業知識為本的理論」採用客觀主義的知識論為主導理論。它代表了大多數人關於知識的主流觀點。例如，Nonaka & Peitokorpi （2006）曾分析20多份最常引用的知識管理研究文獻發現，大部分文章都採用「知識為本的理論」。「企業知識為本的理論」是從「企業資源為本的理論」的角度發展而來，當中以Spender（1996），Kogut & Zander （1996）和Grant（1996）等人為表表者。他們發展了理論的細節，並由一群熱心的研究者，包括Berman（2002）；Bogner & Bansal（2007）；Haas& Hansen（2007）；Nahaplet & Ghoshal（1998）及Voelpel （2005）等人透過實踐，將理論進一步發展及完善。

「企業知識為本的理論」的觀點與上期筆者提及Schultze and Stabell's （2004）的新功能主義（neo-functionalist discourse）觀點吻合──「企業知識」是愈來愈重要的「企業資源」，可以為企業帶來競爭優勢，並進一步提高企業的利益，亦令前線員工及管理層熱衷參與發展及積累「企業知識」。

「企業知識為本的理論」的觀點與特徵與上述的「客觀主義知識論」一致。例如「企業知識為本的理論」通常採用「知識是一實體」的觀點。Glazer（1998）明確地談到「知識作為商品」。其次，Berman（2002）和Haas & Hansen （2007）提及有不同的知識分類方式：「外顯知識」及「內隱知識」，以及「小組知識」和「個人知識」。最後，從「客觀主義知識論」角度來理解「企業知識為本的理論」認為知識可以量化和量度的這種客觀特徵更顯而易見。

Nahaplet & Ghoshal（1998）基於「企業知識為本的理論」提出企業必須開發和利用智力資本 （intellectual capital）（一種知識為本的資源）的論點最為廣泛引用。他們認為企業開始智力資本是增加企業競爭力的關鍵，為企業帶來更多的競爭優勢。此外，他們建議企業可為其智力資本的發展提供有利條件。他們對基於企業知識發展理論提出企業需要將企業內部的社會資本（social capital）與智力資本（intellectual capital）作更多有機的結合。他們基於社會資本理論中分析，人們以其擁有的社會關係網絡可以為企業提供有用的資源。他們建議企業可提供有利於發展密集的社會資本網絡的條件，以便一方面增加這種社會資本，另一方面亦促進智力資本的發展和創造。

2020年4月21日

參考文獻

Berman, S.L., Down, J., & Hill, C.W.L. (2002). 'Tacit Knowledge as a Source of Competitive Advantage in the National Basketball Association', *Academy of Management Journal*, 45/1: 13-31.

Bogner, W., &. Bansal, P. (2007). 'Knowledge Management as the Basis of Sustained High Performance', *Journal of Management Studies*,44/1: 16S-188.

Cook, S., & Brown/ J. (1999). 'Bridging Epistemologies: The Generative Dance Between

Organizational Knowledge and Organizational Knowing', *Organization Science Journal*, 10/4: 381-400.

Glazer, R. (1998). 'Measuring the Knower: Towardsa Theory of Knowledge Equity', *California Management Review*, 40/3: 175-194.

Grant, R. (1996). 'Towards a Knowledge Based Theory of the Finn', *Strategic Management Journal*, 17, Winter Special Issue, 109-122.

Haas, M" & Hansen, M. (2007). 'Different Knowledge, Different Benefits: Towards a Productivity Perspective on Knowledge Sharingin Organizations', *Strategic Management Journal*, 28: 1133-1153.

Hislop, D. (2009). *Knowledge Management in Organizations: A Critical Introduction.* Oxford University Press.

Kogut, B., & Zander, U. (1992). 'Knowledgeof the Firm, Combinative Capabilities, and the Replication of Technology', *Organization Science Journal*, 3/3: 383-397.

McAdam, R., & McCreedy, S. (2000). 'Critique of Knowledge Management: Using a Social Constructivist Model', *New Technology, Workand Employment*, 15/2: 155-168.

Nahaplet, J., & Ghoshal, S. (1998). 'Social Capital,Intellectual Capital and the Organizational Advantage', *Academy of Management Review*,23/2: 242-266.

Nonaka, L, &Peltokorpi, V. (2006). 'Objectivity and Subjectivity In Knowledge Management: A Review of 20 Top Articles', *Knowledge and Process Management*, 13/2: 73-82.

Nonaka, I., Toyama, R., & Konno, N. (2000). 'SECI, "Ba" and Leadership: A Unified Model of Dynamic Knowledge Creation', *Long Range Planning Journal*, 33/1: 5-34.

Schultze, U., & Stabell, C. (2004). ‘Knowing What You Don't Know: Discourse and Contradictionsin Knowledge Management Research’, *Journal of Management Studies*, 41/4: 549-573.

Spender. J. C. (1996). 'Organizational Knowledge,Learning and Memory: Three Concepts in Search of a Theory', *Journal of Organizational Change Management*, 9/1: 63-78.

Voelpel, S., Dous, M., &: Davenport, T. (2005). 'Five Steps to Creating a Global Knowledge Sharing System: Siemens' Share Net', *Academy of Management Executive*, 19/2: 9-23.

實踐主義知識論

在上文，筆者重提知識管理，並介紹知識管理中的「知識論」（epistemology）。本文筆者將繼續探討知識管理的「知識論」的「實踐為本主義」（practice-based）觀點。

上文已簡介Hislop（2009）認為主導知識管理領域在文獻的兩個主要觀點：「客觀主義」（objectivist）觀點和「實踐為本主義」（practice-based）的觀點。「客觀主義」觀點認為，知識是一項可分拆及組合的實體，可以被編碼，也可以被不同人擁有，並在不同環境中使用；相反，「實踐為本主義」相信知識滲透在社群之中，是人們在工作過程中發展並實踐出來，與其發展的環境不可分割。筆者在本文將深入討論「實踐為本主義」（practice-based）觀點。

「實踐為本主義」（practice-based）觀點認為知識是不可編碼的，而知識是從工作活動或實踐中獲取，強調知識滲透於實踐中，與工作的具體行動或實踐不可分割。 Cook & Brown（1999）基於知識對人類活動的重要性，將這種觀點稱為「實踐為本知識論」。此外，Gherardi（2000）認為「實踐」（practice）將「知道」（knowing）與「做事」（doing）聯繫起來：因此，知識嵌入實踐中是其最大特點。

「實踐為本主義」知識論的特徵：

知識在實踐中的嵌入（The Embeddedness of Knowledge in Practice）

「客觀主義」和「實踐為本主義」的知識論之間最重大的區別在於實踐的觀點挑戰了知識主體性的概念。從「實踐為本主義」的知識論角度來看，知識不被認為是離散的；它不可以被編纂，也不可與人分開。相反，知識與人類活動密不可分 （Orlikowski, 2002）。 因此，所有活動在某種程度上都涉及知識的使用和/或發展。反過來説，知識無論是否使用、共享、開發或創建，它都將涉及人類活動元素。

Blackler （1995）總結如下：
「人們並非擁有知識，他們只是知道知識。」（Rather than regarding knowledge as something that people have, it is suggested that knowing is better regarded as something they do.）

「實踐為本主義」知識論觀點除了挑戰人們「知道」（knowing）與「做事」（doing）二分法（dichotomy），還挑戰客觀主義觀點固有的心身二分法（mind-body dichotomy）。如前所述，客觀主義的觀點，借鑒了科學的經典觀點，認為知識主要來自認知過程（cognitive processes），當中只涉及大腦運作，與身體無關；可是，以「實踐為本主義」知識論的觀點反而認為人們在從事活動過程中一面「做事」（doing），一面「知道」（knowing）及不斷發展知識。因此，「知道」（knowing）並非純粹牽涉認知，反而涉及整個身體（Gherardi, 2000）。從這個角度來看，「知道」（knowing）與「做事」（doing）融合在包含知識的活動中，並在活動過程中發展以及應用相關知識。

以下例子説明在活動過程中知識是如何發展和應用。Orr（1990）曾經研究修理影印機技術員的工作，以了解他們如何獲取修理影印機的知識。原來，他們通過對話和即興形式解決問題，並將現有知識應用到新的情況以發展新的知識。他們進而將這些新知識分享，成為共享知識，積累成社群記憶（community memory）。同樣，Patriotta（2003）在意大利Fiat汽車廠的一項研究表明，知識嵌入在工人工作的過程中，從中協助他們解決工作過程中所遇到的問題。另外，DeFillippi & Arthur（1998）對電影製作學徒技術人員的學習過程的研究也留意到他們主要透過工作過程中觀察獲取電影製作的知識。上述的例子可證明知識是主要透過人們在工作過程中人際交流（socialization）、觀察（observation）和實踐（practice）的過程發展出來。

「實踐為本主義」的觀點兼容並包的邏輯不僅代表隱性知識與顯性知識是相互關聯的，也代表知識主要是從智力和認知過程中獲得，與大腦有關。（Shutterstock）

隱性知識和顯性知識不可分割（Tacit and Explicit Knowledge are Inseparable）

正如Schultze & Stabell（2004）所強調般，「客觀主義」和「實踐為本主義」的知識論觀點之間的一個主要區別是他們對二元對立的態度。在「客觀主義」觀點內，「非此即彼」（either/or）的邏輯佔主導地位，尤其將知識分類時特別明顯；但是，這種邏輯被主張「實踐為本主義」的研究者所排斥。他們認為，儘管這樣一種「非此即彼」（either/or）方法可能具有分析上的好處，但它扭曲了知識的複雜性。例如，Tsoukas（1996）曾嘗試提出二分法，例如「隱性知識與顯性知識」及「個人知識與群體知識」，但這種分類卻無助於掩蓋這些元素具有密不可分的特性，而兩種元素是相互定義的。Blackler （1995）對知識有以下的體會：

「……知識是多面而複雜的，既處於現實情境又抽象，隱性又顯性，分布性又個體性，身體的又心靈的，是發展中的，又是靜態的，口頭的又可被編碼的各式各樣對立的狀態。」（Knowledge is multi-faceted and complex, being both situated and abstract, implicit and explicit, distributed and individual, physical and mental, developing and static, verbal and encoded.）

因此，「實踐為本主義」的觀點拒絕基於「非此即彼」（either/or）邏輯的知識分類法，而以「兼容並包」（both/and）的邏輯主導其對知識的分類法。「實踐為本主義」的觀點不會太在意區分「隱性知識與顯性知識」之間的關係。基於「實踐為本主義」觀點表明，不會認為「隱性知識與顯性知識」代表兩種對立分離的知識類型，它們只是代表知識的兩個方面，實際上是不可分割的，並且是相互構成的（Tsoukas 1996； Werr & Stjernberg 2003）。「實踐為本主義」的觀點認為世間上不存在完全的顯性知識，因為所有知識將具有隱性的維度。Clark（2000）將「隱性知識」（tacit knowledge）與「顯性知識」（explicit knowledge）」合併成一個新名詞「顯隱性知識」（explacit knowledge），象徵「隱性知識」與「顯性知識」之間不可分割。以文字為例，大多數人通常都認為文字被稱為編碼知識的一種形式，但大家都忽略其隱性元素，沒有隱性元素讀者如何可以理解文字。這些隱性元素包括如何理解所使用的文字、文字構成的語法及其各式各樣的語法形式，不同人可能對相同的文字有不同的理解。因此，人們根據自己的理解及詮釋而決定如何理解有關文字，而有關文字的理解才發展成各樣的知識。

Polanyi（1969）指出，「絕對的顯性知識的想法是自相矛盾的。如果忽略其隱性元素，所有口語單詞、所有公式，所有地圖和圖表都變得全無意義。」（The idea of a strictly explicit knowledge is indeed self-contradictory; deprived of their tacit coefficients, all spoken words, all formulae, all maps and graphs, are strictly meaningless.）Polanyi（1969）的文獻經常被引用以證明隱性知識和顯性知識是兩種獨立的知識，但其實是很多研究者誤解Polanyi對知識分類的分析。有些研究者（Brown & Duguid, 2001; Prichard, 2000; Tsoukas, 2003）對此提出質疑，並留意他對知識分類的分析是基於「實踐為本主義」的觀點。該觀點基於以下假設：所有知識都有隱性和顯性的維度，並且它們是密不可分的。因此，從這個角度來看，不存在純粹的「隱性知識與顯性知識」，因為所有知識都包含兩者的要素。

「實踐為本主義」的觀點「兼容並包」的邏輯不僅代表「隱性知識與顯性知識」是相互關聯的，也代表知識主要是從智力和認知過程中獲得，與大腦有關。這建基於假設「知道」（knowing）與「做事」（doing）緊密融合，密不可分；所有「知道」（knowing）都會有「做事」（doing）的部分，反之亦然。

知識是嵌入的（Knowledge is Embodied）

「客觀主義」的觀點假設知識可以完全以「絕對顯性知識」形式或轉化為編碼的形式存在，它又可獨立於人類而存在。　這個立場受到「實踐為本主義」的知識論觀點的挑戰。「實踐為本主義」認為所有知識是與人有關的。因此，「實踐為本主義」的觀點認為不可能將知識與人們完全分離，成為「絕對顯性知識」形式而存在。因此，「實踐為本主義」的知識論觀點與先前上述兩個的「實踐為本主義」的特徵密切相關：即「所有知識都蘊含隱性元素」，而「知識是嵌入在人們其中，與實踐密不可分」。因此，嵌入在工作實踐中的知識也同時嵌入在這群實踐這些工作的人當中。

「實踐為本主義」的知識論觀點認為無論「知道」（knowing）與知識（knowledge）的都是透過工作實踐發展出來：人們在開展活動和獲得經驗時會不斷發展知識。此外，「隱性知識與顯性知識」具有不可分割和相互構成的特性也印證了「絕對顯性知識」不可能存在——因為所有知識的存在都會受開發該知識者的個人影響；任何個人影響都會涉及「隱性知識」的元素。因此，「實踐為本主義」的知識論觀點認為儘管有可能將部分「隱性知識」轉化成「顯性知識」，但並非所有「隱性知識」都可以轉化成「顯性知識」。「實踐為本主義」的知識論這方面觀點與「客觀主義」的觀點簡直南轅北轍。就以「師徒學習」為例，從「師徒關係」考慮，一名經驗豐富的員工（師傅）與經驗不足的同事（徒弟）分享經驗，基於「實踐為本主義」的知識論觀點認為知識是嵌入在工作實踐中，所以師傅與徒弟在一起工作過程中，徒弟就可獲取師傅所擁有的專業知識，而不需要鉅細無遺地逐一傳授。我們也不可能將師傅所有的「隱性知識」轉化成「顯性知識」。此外，基於「實踐為本主義」的觀點認為徒弟要獲取師傅的知識，通常需要師徒他們在很長的一段時間內進行溝通，互動和共同工作。

Tsoukas（1996）提出「實踐的不確定性」（indeterminacy of practice）也是「知識嵌入」的另一個例子。Tsoukas發現大多數工作情況下人們總是被要求就著個別情況作出即時的個人判斷。無論規則有多麼明確和定義得當，行動中，總會有一些模棱兩可或不確定性的因素造成對參與工作的人們做出判斷及決定。

2020年5月25日

參考文獻

Blackler, E (1995). ‘Knowledge, Knowledge Work and Organizations: An Overview and Interpretation’, *Organization Studies*. 16/6:1021-1046.

Brown, J., & Duguid, P. (2001); ‘Knowledge and Organization: A Social Practice Perspective’, *Organization Science*, 12/2: 198-213.

Clark, P. (2000). *Organizations in Action: Competition Between Contexts*. Routledge: London.

Cook, S., & Brown/ J. (1999). ‘Bridging Epistemologies: The Generative Dance Between Organizational Knowledge and Organizational Knowing’, *Organization Science*, 10/4: 381-400.

DeFllippi, R., & Arthur, M. (1998). 'Paradox in Project Based Enterprise: The Case of Filmmaking, *California Management Review*, 40/2: 125-139.

Hislop, D. (2009). *Knowledge Management in Organizations: A Critical Introduction*. Oxford University Press.

Gherardi, S. (2000) 'Practice Based Theorizing on Learning and Knowing in Organizations', *Organization Science*, 7/2: 211-233.

Orlikowski, W. (2002) ‘Knowing in Practice: Enacting a Collective Capability in Distributed Organizing’, *Organization Science*, 13/3: 249-273.

Orr, J. (1990). ‘Sharing Knowledge, Celebrating Identity: War Stories and Community Memory in a Service Culture’, in D. Middleton & D. Edwards (eds.), *Collective Remembering: Memory in a Society*. London: Sage.

Patriotta, G. (2003). ‘Sense-making on the Shop Floor: Narratives of Knowledge in Organizations', *Journal of Management Studies*, 40/2: 349-375.

Polanyi, M. (1969) *Knowing and Being*. London: Routledge &: Kegan Paul.

Prichard, C. ‘Know, Learn Share: The Knowledge Phenomenon and the Constructions of a Consumptive-Communicative Body’, in C. Prichard, R. Hull, M. Chumer, &. H. Willmott (eds.), *Managing Knowledge: Critical Investigations of Work and Learning*. London: Macmillan, 176-198.

Schultze, U., & Stabell, C. (2004). ‘Knowing What You Don't Know: Discourse and Contradictions in Knowledge Management Research’, *Journal of Management Studies*, 41/4: 549-573.

Tsoukas, H. (1996). 'The Firm as a Distributed Knowledge System: A Constructionist Approach', *Strategic Management Journal*, 17, Winter Special Issue: 11-25.

Tsoukas, H. (2003). 'Do We Really Understand Tacit Knowledge?', in M. Easterby-Smlth & M. Lyles(eds.), *The Blackwell Handbook of Learning and Knowledge Management*. Malden: Blackwell, 41M27.

Werr, A., &: Stjernberg, T. (2003). ‘Exploring Management Consulting Firms as Knowledge Systems’, *Organization Studies*, 24/6: 881-908.

作者簡介

蔡世鴻，中華基督教會協和小學（長沙灣）校長。1990年投身教育界，2004年始擔任校長。由於早年於香港大學取得資訊科技教育碩士，多年來一直熱心推動資訊科技教育，2014年獲委任為香港大學教育學院管理諮詢小組委員。學校位處深水埗，故積極與學生投入社區的服務工作，期望教導學生回饋社會，服務他人。2020年獲選為深水埗中南分區地區委員會主席。2016年起加入教育評議會，負責協助《教育現場》的編輯工作，現擔任教評會副主席。

走進2040年的智能教室

我剛在11月4日參加了教育評議會成立25周年的國際研討會，有幸聽到譚鐵牛副主任的分享──人工智能如何加速教育形態的變革，他向我們講解了人工智能對未來教育的影響，其中，他提出未來教育在人工智能下，會變成教學個人化、學習個人化、評估自動化、教學多元化及管理立體化，分析精準，見解獨特，令人茅塞頓開。我帶着滿腦子的新奇想法回家，坐在沙發上，不知不覺便睡着了。夢中，我去到未來的學校，我想應該是20年後……

「你……你不是蔡校長，沒想到在這裏見到你，我是你退休後的第三位校長，我是陳校長。」

「陳校長你好！學校在我離開後，轉變了很多，現在是哪一年？」

「2040年了，蔡校長，我帶你遊覽一下學校好嗎？」

「十分好！謝謝。」我倆便順步而行，邊行邊談。

人工智能下的教學、學習及評估個人化

「現在老師工作忙嗎？」

「蔡校長，他們工作也很忙，但我們現在有人工智能的幫助，雖然忙，但效果好很多。我們老師做了一個學習計劃，然後派給每個學生，人工智能會因應學生的強弱項，加以引導和調適，所以可說是教案個人化，AI會因人而給予不同的教案，因人而給予不同的學習歷程。」

「哦！這便是知識管理。我那個年代已有學校收集學生每科的成績，比對他的進步和退步，然後老師找出他的學習問題，在課後幫他改善。」

「蔡校長，20年後的今日已容易得多，要點還是大數據，AI收集了學生的個人數據，再比對和分析同齡學生，找出學生的難點，給予適合該學生的教材和練習，這種度身訂造的診斷式學習，就像你那年代開始有的機械人醫生。」

「陳校長，我明白這樣做是不困難的，但要教育局投放資源，設立這樣的一個學生資料庫，就像WebSams一樣。為什麼你們不從幼稚園便收集學生的學習profile？由AI及早分析他們的特質，那便可發揮他們的潛能，做到天生我才必有用。」

「是啊！蔡校長，你的想法我們做到了。我們的學生在幼稚園已有個人的學習戶口，老師會紀錄他們的成績、個人素質及學習特質，加上每人都有自己的個人電腦，堂課、測考和文章等都上了雲端，AI會按你的學習需要

20年後的未來智能教室會是什麼模樣？（Shutterstock）

來提供閱讀教材（我們把圖書分成一百個levels)、練習和試題（就像你們那時代教育局的TSA和Star)，我們做到評估──學習和教學一體化和個人化，全憑數據分析和人工智能。」

「真理想！學生不用死操試題，按個人需要而拾級而上，真正做到self-directed learning。其實我那個年代，已有大學請人設計了大量試題，學生可按自己弱項來操練，可算是學習一體化的雛形。陳校長，那現在不用老師了！」

「當然不可以，老師要設計教學、觀察學生表現，注入電腦分析，就像醫生一樣，還有，AI處理不了學生行為、德育及人與人之間的生活，學校有學生，便要有老師了。」

「哈哈，更要有校長來管理學校，否則陳校長你要失業了。」

教學多元化

「蔡校長，隨着15G網絡，我們老師現在會與內地和世界不同地方的老師交流，進行實時兩地互動教學、專題研習和虛擬交換生，教學已變得多元化，工作也不少。」

「15G？我們20年前才剛開始5G，網絡世界走得真快。我在2020年已經與肇慶、廣州和佛山的姊妹學校進行四地實時互動課堂，配以班房的86吋互動大電視，已經覺得很厲害了！」

「現在不用大電視了，每人都有一部自己的小型學習電腦，透過15G網絡，你可以與外地學生一同上課和討論。你們那時因為新冠肺炎，開展了網上教學，開始用Zoom上課，我們現在學生有時是不用回校上課的，他們使用雲端和15G上課，你們的Zoom是1.0版，我們的Zoom已進化到Zoom 5.0版了。」

學校管理立體化

「陳校長，我那時已採用人工智能鏡頭來為學生點名、人面辨識門禁、智能保安和R. F. I. D. 智能圖書櫃，現在2040年的學校管理，進步了嗎？」

「當然啦，蔡校長，20年了，學校已發展了一套中央智能管理系統，所有電源開關會自動感應，亦會按使用量和氣候變化來人工智能調節，以節省能源；學校資料和學習教材都上了雲端，沒重甸甸的書包，家長可自行上網查詢，甚至一般的消毒、傳遞文件和清潔，都有學校機械人負責，職工的人數已大大減少了。至於圖書館、電腦室等都由完善的智能管理，不用每年點書了。」

「見怪不怪，20年前，也沒有人想到學校會有機械人出現，雖然只是跟學生打個招呼，說幾句英語的簡單AI機械人。」

「蔡校長，為什麼你們在2020年時，AI在教育上走得那麼慢？」

「第一是因為剛起步；第二是因為香港的教育要避免商業化，無利可圖，很多發展都要政府推行，步伐便慢得多；第三是因為要收集大數據，香港的私隱條例，令很多發展都停頓了。」

「蔡校長，科學發展經常都與道德及個人自由起衝突，我們要學會平衡和放棄，否則科學便會停滯不前，但話說回來，科學也不可超越道德的底線。」

「對，我還想問，現在的人真的是活到120歲嗎？我們……」

兒子進門的聲音，把我從睡夢中吵醒，我揉一揉眼睛，眼前沒有了陳校長，只遺下有一大堆問號和憧憬。我趕快從沙發跳起來，要趕明晚開會的文件。唉！為什麼沒有智能機械人來幫我的！

2020年11月9日

疫情下，學校圖書館能開放嗎？

學校在9月29日全面進行實體上課，我們最關注的是如何追趕課程、控制人流和處理學生吃小吃，但大家有否想過在疫情下，學校的圖書館能如常開放嗎？我校圖書館自1月疫情爆發已經閉館，不開館的原因很簡單，因圖書館的圖書每天都有不少學生觸摸，是傳播細菌的溫床，早前亦證實新冠狀病毒能存活在書籍上多天，試問家長會放心學生到圖書館選書嗎？如學生把圖書帶回家，家長會接受嗎？

喜聞部分公共圖書館在9月17日起局部重開，筆者是香港公共圖書館諮詢委員會委員，所以十分關注這些問題。在疫情期間，為學校的圖書館重開，我也花了不少心血，在此和大家分享交流，以應付這個百年一遇的大疫症。

疫情下，大家更要多動腦筋，讓學生安全地、快樂地享受閱讀，因為閱讀時光是一去不返的。（Shutterstock）

家長教育

6月期間，雖然學校重新進行實體上課，我校仍有家長擔心病毒傳播，至今仍不許子女上學，遑論讓他們到學校圖書館選書，所以我們要多做家長教育，傳達他們學校的訊息：學生在校每天都會觸摸不同的東西，如學生桌面、樓梯扶手、水龍頭等，我們不是教他們什麼都不可觸碰，而是要教他們勤洗手和戴口罩，保持清潔，與細菌共存。我發通告把這觀念告訴家長，也以這想法為基礎，為圖書館重開做了一連串的工作。

重開圖書館的準備

1.控制人流：我們每星期將學生分為五批，星期一是A班日，星期二是B班日；而每天也將學生分為兩批，第一個小息是高年級學生，第二個小息是低年級，而圖書館最多只容納50人，額滿便不能進場。

2.洗手再洗手：我瀏覽了一些網站，看看世界各地的公共圖書館，發現他們要求所有進入的人要量體溫和消毒雙手，確保雙手清潔，所以我在學校圖書館外裝置了水龍頭，讓學生在進入和離開圖書館時都要洗手，我覺得這方法最有效，所以在電腦室門外也安裝了洗手盆。

3. 圖書消毒：我想大家都想過買一部紫外光消毒機回校消毒圖書，尤其是最近有些器材標榜能用紫外線，殺死99.9%的新型冠狀病毒。我也有這想法，所以在淘寶搜尋一下，發覺價錢也不太貴，便買了一部回來試，但早前有報章報道這方法只能殺死20%的細菌，所以我也會用酒精抹圖書，雙重保護，但這方法只能清潔圖書的表面，書的內頁呢？嗯！還要有其他方法。

4.圖書也隔離：我從網上看到外地的圖書館會把圖書隔離十天，才重新上架，我覺得這方法不錯，所以我也要求圖書館主任先消毒學生交回的圖書，然後再隔離它們十天，這樣便安全得多了。

5.曬它死：在這十天的隔離，我們還會多做一樣工作——曬書，因專家説細菌是很怕熱的，所以我在圖書館旁造了幾個玻璃櫃，晾曬學生交還的圖書，大約曬數小時，相信陽光已足夠殺死大量的細菌。我見淘寶也有這些晾曬設備，還是流動的，價錢也很便宜，所以我們常説圖書很香，書香四溢，現在可多加一句：「圖書又香又暖。」

為什麼學校要這樣大費周章，處理圖書館的問題？為的是要確保學生的安全，為的是要增加家長對學校圖書館的信心。我們常花不同的心思來吸引學生多閱讀，疫情下，大家更要多動腦筋，讓學生安全地、快樂地享受閱讀，因為閱讀時光是一去不返的。

2020年9月28日

作者簡介

曹啟樂，風采中學創校校長（2002—2014）。具學士、教育文憑、碩士學歷。參與教育事務包括：教育評議會創會主席，現任執委；風采中學，德萃幼稚園、小學及中學校董；香港教育大學教育顧問；資優教育基金（GEF）董事。曾任第一至第四屆選舉委員會委員。2000年獲香港特區政府頒授榮譽勳章（MH）。

疫情考驗管理思維和教育初心

在2020年聖誕假期前，教育局宣布中小學停止面授課至2021年1月10日，期間只容許中六及小六學生在上午回校參加上課及考試。在1月4日發出新通告，容許中小學在1月11日至農曆假期前有限度上面授課：中學在上下午分兩節，不同級別可輪流回校上課或考試；小學則只可在上午進行面授課或考試，人數為「最高核准容額」的六分之一，約為一個級別的學生。因為學校一般有18、24或30個班，一級分別為三班，四班及五班，即級別總數的六分之一。

兩種思路導致不同選擇

當校監、校董、校長，教師知悉當局容許學生可以有彈性的實體課安排時，第一個感覺是怎樣的呢？是感到高興，表示歡迎嗎？

學生已經長時期沒有回校了，單靠網上學習是不足夠的，缺乏師生之間，以及同學之間的互動、交流，對於學生的學科學習，以至身心的成長，也會不利。試想一想，遠的不計，只在聖誕假前後，一直到農曆假期之後，就有約十個星期的時間，同學完全沒有機會回校上課，這種情況是我們教育工作者不願見到的。當知道可以有彈性的上課安排後，我們不是應該感到高興嗎？

抑或是：一時之間不能接受？因為疫情未平息，社區每天仍有雙位數字的感染個案，雖然趨勢是向下的，但始終有一定風險。老師現在大多「在家工作」，以網上教學為主，學習效能雖有不足，但是比較安全呢。再者，這四個星期的特別上課安排，是要在行政方面作出種種調整和配合，有不少技術問題需要花心思設計以解決的。在小學有沒有面向公開試的壓力，更沒有這麼大的必要復課。

筆者在這段時間做了一個小型的調查，又訪問了近10名中小學的校長，結果可以在這裏分享一下，供教育界人士及社會公眾參考與及思考。

依循着第一種思路，下一步必然就是會構思在法規容許下，盡量利用空間讓全體同學獲得學習上的最大利益。筆者就知道一間直資中學迅速作出回應，在1月6日向家長發出通告，安排全體學生分時段輪流回校上課。上下午各上四小時課。總計中一至中五各有一個星期實體課，而中六，因為很快便要考公開試，所以要上三個星期。這所學校盡量利用教育局提供的方便，讓全體同學均有實體課的學習機會，筆者認為，這是十分負責任的，也是相對公平的處理，而且反應超快，其管理層思路與作風是值得一讚的。另一間著名的英文中學，上午安排中六回校上課，而下午則安排中一至中五同學返校考試，期間繼續上網課。而一所津貼中學是安排中六在上午回校上課或參加模擬考試，下午則中五逢周一、三、五，中一至中四則逢二、四，輪流回校上課。小學方面，有學校安排小一至小六上午輪流返校上課，以小六分配的時段較多，亦相對公平合理。

綜合而言，上述學校管理層是盡量利用教育局給予的彈性空間，為全體學生提供面授課的機會。當然按照各自校情而有不同的相關安排，這也是可以理解的。

相反，如果依循着第二個思路，即認為疫情仍然嚴重，學生不宜太多進行實體課，則一定會盡量減少學生上課的機會，可免則免的了！這種情況在小學比較

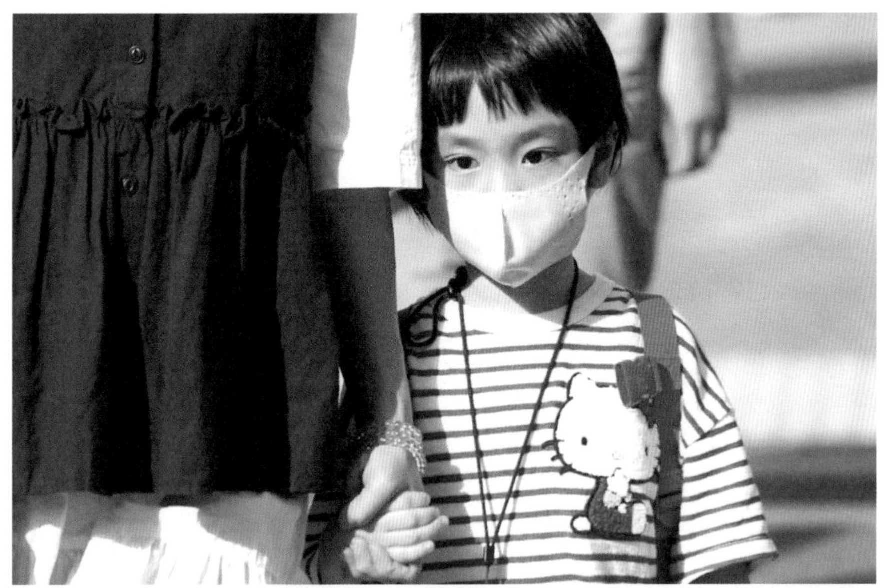

學校有沒有把學生的學習利益放在首位，這點至為重要，也是我們教育初心之所在。（亞新社）

普遍，也許因為學生不用面對公開試。有一所學校決定仍然維持全校上網課。另一所小學則延至1月下旬，才在上午安排小六學生返校上課，以應付3月中舉行的呈分試，而小一至小五則不打算安排返校上課。其中一位校長説，現時疫情仍然嚴峻，學生往返家校期間，需要乘搭公共交通工具或校車，有人群擠迫聚集機會。另外一間中學也只容許中六上午回校上課，不安排其他級別回校。其校長的表達更加明確清晰：安排下午學生回校，會令街道上的人群增多，情況並不理想。又説不欲因此延長老師的工時。他認為學習雖然重要，但公民意識，給予學生「危機感」，亦是重要的身教。

筆者不知道那些決定了下午安排學生回校上課的中學校長們，聽到以上一番的言論，會有什麼感覺？當然學校管理層可以根據各自的主觀評估去判斷回校風險的程度，但是學校其實一直進行着各種抗疫措施及清潔運作，提供一個比較安全的校園環境；至於社區上的安全，政府是有實施限聚令等各項措施的，並且經過醫療專家們的專業評估，學校管理層是否需要作出另行的不同的判斷呢？

危機中顯示專業承擔

這裏筆者也想引用三位資歷深淺不一的校長的評論，讓各位教育同工反思：

不同專業有各自獨特的角色：「我認為每個人在社會上有自己的角色和責任。校長在資源和條例許可下為學生爭取最有效的學習機會和最大的利益，便是盡了自己的責任。判斷街上人流多少，是政府和醫療專家的責任，並不是校長的責任。」

不恢復實體課難以理解：「當局的決定是經過專家評估，加上校園已有防疫措施，不理解有學校管理層認為自己比專家更高明，因而決定不盡量安排實體課。」

評論更加尖鋭，或許我們不想聽，但卻反映了某程度上的事實：「政府這次決定很適合，因為容許學校自由決定如何安排上課。我們會盡量利用這個彈性空間，因為事實上上網課及在家工作的時間太長的時候，師生都變懶了。盡快恢復上實體課是需要的。」

疫情之下，學校面對種種壓力和挑戰，在這個非常態的情況下，要有所改變及作出各項適切的回應。正面來説，這也是一個讓學校管理及教學團隊歷練的時機，促使教育同工的成長。

不同學校如何回應政府放寬上課限制的措施，正正反映出學校的管理思維、水平和能力，對教育專注的承擔，以至於對教育初心的持守程度。有沒有把學生的學習利益放在首位，這點至為重要，也是我們教育初心之所在，其他都是技術層次的問題。常言道，辦法總比困難多，莫非我們就是這麼容易被難到？同時，在非常時期，校長和老師是否願意多付出一點，而不是抱着畏難、迴避的心態去面對，甚至於無所作為，這也是我們能否贏取社會人士的尊重的重要一環！

2021年1月11日

英國公開試的軒然大波

因為新冠狀病毒引發嚴重疫症，很多社會正規活動也暫停，包括公開考試。香港學生是幸運一族，因為在疫情稍為緩和的4月份，香港中學文憑試在酌情縮減了範圍後，得以順利完成。批卷及放榜等事宜也按計劃一一進行了。至於內地的高考，因為科目比較少，可以集中在三天內完成，並且疫症遏止得較早，所以亦得以如常舉行。

然而在英國，公開試卻未能如期進行，當局於是採用了一個後備方案，就是按學校老師提交的學生估計成績，按照一個複雜的演算法作出調整，去決定學生的學科成績（等級），而這個演算法主要是依據該校以往學生的公開試成績的數據，作為應屆學生成績的基準。有經驗的老師立刻會問：學校的預估成績準確程度如何？當中水份會不會很大，從而人為地提升了學生的等級？而這個演算法原意是平衡這種人為的水份，因為假設學校以往的公開試成績是相對穩定的，不會每年有戲劇性的高低上落。但另一個問題又出現了，這種調整方式對誰最不利？這就是一些成績較好但正正在往績較差的學校讀書的學生。他們的公開試成績受累於學校以往差勁的表現，無論老師如何評他們為高分，他們的實質等級也被壓下去了。

四成降級 社會嘩然

最終中學高級程度會考（AL）公布，結果是在28萬考生之中，有39.1%考生的成績被調低至至少一級，引起家長和師生的憤怒，出現上街示威甚至燒毀成績單的情況。最初教育部長只是提醒學生可以就成績去上訴，以及可以參加秋季的補考以作應對，但未能平息民憤。蘇格蘭當局率先改變政策，只以校內預估成績為準。幾天後英格蘭當局終於作出急轉彎，宣布取消之前的成績，也改用校內的預估成績。之後隨之而放榜的中學會考（GCSE），也放棄了演算法的

多了一批成績好到足以升大學的同學，英國的大學有足夠的容額可以吸納嗎？（Shutterstock）

計算，而單以校內評估的成績為準。當然結果一定是出現一種「成績膨脹」的現象，有25.9的學生評為A，而去年的數字只有20.6%，整體合格的也由去年的67%提升到76%。

政府急速以「今天的我打倒昨天的我」，社會民憤似乎平息了，但後續的事情仍有不少要急速去處理。例如平白多了一批成績好到足以升大學的同學，大學有足夠的容額可以吸納嗎？即使運用了因疫情關係無法赴英升大的學生名額。大學亦因應9月開學的關係要匆匆進行面試，並且要「金睛火眼」去判別學生成績是否有水份存在。明眼人定會發現，學生成績基本上每年是穩定的，不可能本屆突然飛躍，多了這麼多人可以升讀大學的，這肯定存在不少需要化解的問題。以吃香的醫學院為例，因為突然多了一批具入學資格的學生，皇家內科醫學會估計，需要至少擴建20%校舍，但一年過去後，公開試如常進行的話，升大學的人數又回復正常，多出了的資源或增聘了的師資又要再行處理了。

同時，忽然增多的學生當中，肯定有部分具足夠的水平，但亦有不少應該未具備升讀大學水平的，他們能否應付大學的學習要求，大學又會否放寬對他們的要求呢？

成績高低 突顯公私校差距

這次考試成績的調整，最受影響的是政府（公立）學校，而基本上佔全部學校數目7%的私立學校則不受影響，因為後者的公開試往績遠遠比前者為優。因此這次爭議再次引發社經地位與教育成就相關的種種議題。其實在疫症停課期間，兩者的差距也再次拉開。根據統計，有直播課堂的公立小學和中學分別為3%及6%，私立小學和中學則為59%及72%。所謂「停課不停學」，不同學校所提供的實質學習機會，差異卻是如此巨大！這是執政者必須思考的：如何協助社經地位較低的下一代，透過教育去改變自身的命運。

至於香港的情況，在停課期間主要是透過網上學習，這必須要家長的配合，提供足夠的網上學習設施，在幼稚園和小學階段的學生，更加需要父母的直接指導和輔助，在這方面中產家長肯定比基層家長優越。香港教育當局及學校亦應該認真協助基層家庭做好網上學習。

事件對香港的啟示

讀者可能會問，如果有一天香港也面對未能舉行公開試的情況，教育局與考評局又如何為考生評分？純粹依照老師呈交的估計成績，便會出現「成績膨脹」及因此引發的種種問題。同時參照學校的往績去推算，又會出現今次英國的社會及教育危機。所以為防範於未然，教育當局和學界必須深入探討，研究對應的方法，不宜等到危機出現才去處理。

據知考評局現時亦有收集部分學生的文憑試校內估計成績，筆者建議可以要求每間學校均提供這項數據，考評局每年對照這項數據與該校考生公開試的實際表現，並把兩者的差距情況如實向學校反映，逐漸讓學校老師總結經驗，學習如何更準確地作出校內評估，使更貼近公開試成績。而考評局亦可以不斷修訂有關推算成績的演算法，做到更為精準，較少誤差。

今年另外一個公開試，即國際文憑課程（IB）同樣沒有進行公開試，而以校內評估成績作評核，結果出來的沒有爭議。主要就是平日主辦機構有較嚴密的監管，老師有足夠的訓練，因此學校匯報的校內評估成績有較高的信度。這都是我們可以參考和學習的，雖然IB的確需要更多的資源投入。

2020年8月26日

幼稚園能走出寒冬？

疫情持續，幼小中學校停課已久，而當中對管理者影響至鉅的，一定是幼稚園了。中小學絕大部分是政府資助的，一無租金壓力，二是政府每月照常撥款支薪，三是中小學生無論如何均要在校就讀，不會隨意退學，小學至初中更是強迫教育階段，學生不在學，父母是要犯官非的，而高中階段則要面對公開考試，準備升學了。

幼稚園則是另一回事。雖然政府近年已資助了近8成的非牟利幼稚園，但此筆資助不是百分百彌補到幼稚園開支，大部分必須收取一些學費，而在2歲的幼兒班（PN）更不被視作必須而沒有資助，家長要支付比較高的學費。因此在長期停課的情況下，不少家長替子女退學或不交學費，因雖然幼稚園有提供網上教學，亦難以要求幼兒長期望着電腦螢幕學習的。筆者估計有5至7成幼兒班學生退學了。此外，高班（K3）學生已獲小學取錄的，其家長或覺得沒有必要留在幼稚園，付學費而只得水平參差的網上教學，故退學的也不少。幼稚園業界向教育局力爭高班、中班（K2）復課，至今只准高班可於6月中復課，但屆時有多少學生返校，也不樂觀。

退學潮下艱苦支撐

上述困難，對獨立私立幼稚園而言，更是明顯。闡述之前，先談談獨立私園的價值和定位。近百年以來，政府一直沒有把幼兒教育當作義務教育一部分。理論上完全沒有讀過幼稚園的適齡兒童照樣可升上小學。當然實際上差不多全部家長也會把孩子送到幼稚園，而這些幼稚園不論牟利非牟利都是私立的，因而辦學相對自由，在管理、課程、教學法、活動各方面均百花齊放，呈現相當多元化的活躍局面。其後眾多業界人士要求政府應有更大承擔，肯定幼兒教育階段的重要，以及幼兒教育工作者的辛勤付出，亦要紓解家長支付學費的重壓，於是提出政府全面資助幼兒教育的訴求（筆者當日曾私下向業界領袖提及，如接受資助，便要問責，文書工作會增加，辦學自由度會減少等，但利弊相衡下，筆者看法未受重視）。

經過多番爭取，終於特區政府答應以學券方式資助幼稚園，其後在兩年加大資助額，致使現時約8成非牟利幼稚園接受資助，餘下獨立私園及非本地課程幼稚園各約佔一成。獨立私園沒有接受政府恒常資助，靠收取比較高學費應付開支，月費約2000至過萬文不等。其仍有立足之地，以至受中產或以上背景家長歡迎，因為辦學自主、教師專注教學，不用分心處理各項因問責而需的文件工作，而營運者面對家長的期望，會比較積極回應、創新、求進。而家長於關注孩子升學，故此學校亦會作配合，協助學生能入讀心儀的小學。當然如此說，不是指獨立私園比較非牟利幼稚園優勝，而是把實況說明，在香港幼兒教育場境，有此兩種實體在運作，可供家長按其需要和條件作出選擇而已。

疫情持續下，幼兒班以至高班的退學潮湧現，無論獨立私園或非牟利幼稚園均受衝擊，收入大減，而同時家長又施壓，要求減學費。部分營運者只好削減教

疫情持續下，幼兒班以至高班的退學潮湧現，無論獨立私園或非牟利幼稚園均受衝擊，收入大減。（Shutterstock）

師人手，或以五折六折支薪方式應對，至於租金，減或不減，減多少，視乎業主意向，因此大部分幼稚園在艱苦支撐中，有些更瀕臨結業邊緣。教局表示至今有5所幼稚園（皆獨立私園）結業，包括英國政府支持的英國文化協會屬下幼稚園，及源自新加坡，位於大埔某豪宅屋苑的伊頓國際幼稚園。如果更多幼稚園結業，家長要焦急地另覓幼稚園，孩子要另外適應新學習環境及老師，幼師要失業......幼兒業界人心惶惶，影響管理者及教師心情，不利幼兒教育的開展。

亟需政府出手解困

在這個非常時期，幼稚園業界深切期望政府伸手相助，讓幼稚園捱過寒冬。至今政府推出兩輪防疫資助計劃，每間幼稚園可獲一筆過8萬元撥款，幼兒班每人資助2000元，由2月至5月。獨立私園工資一半，上限9000元，為期半年，每名學生一次性資助3500元等。但始終獨立私園要自負盈虧，而租金高企，教師工資不便輕易調減，致影響士氣。

政府因應業界困境，可以考慮以下措施，並盡快施行：

資助家長一半學費，上限為2000元，至本年學期結束。並且提供誘因予業主減租金至三到五成，為期半年。最後，資助幼師工資一半，上限為15000元，為期半年。因老師工資在2萬至4萬之間。深信政府如實施此三項措施，幼稚園暫時挺住，艱苦經營，待8、9月新學年開始，繼續為莘莘學子提供優質教育！

2020年5月19日

作者簡介

馮文正，風采中學前校監。香港中文大學教育學士，1970年起入職為小學老師，任小學校長26年後退休。教育評議會1994年成立後，多年來出任副主席、執委。曾任教育委員會、教育統籌委員會、優質教育基金督導委員會委員，津貼小學議會主席。現任多所小學校董、津貼小學議會顧問、香港初等教育研究學會及小學教育領導學會執委。也曾擔任《信報》、《星島日報》專欄作者及教師中心刊物編委，寫作範疇包括教育政策、學校領導、小學與幼兒教育。

一年之計在於春：今年小學教育的三大熱項

若小學教育界同工在新春思考今年的工作策略及重點，我個人根據近月的觀察，提出三大熱項：

（一）正向教育

近年不少教師及家長逐漸形成一個共識，就是態度重於學科成績，和諧勝於競爭。

可能因為適齡人口下降，學位競爭趨於緩和，也可能社會人士眼見各種社會上的激烈衝突太具破壞性，重塑正向價值教育、品德教育共建和諧社會的呼聲高唱入雲。而近年疫情肆虐，同心抗疫，重建人類與大自然秩序的想法亦漸趨普及，公共衛生的概念亦令人思考各民族團結和諧，同心携手是持續發展所必須。近日很多時見到同工間在討論時對正向教育、價值教育的嚮往十分殷切，也形成一個浪潮，甚至變成一個運動，我期望同工再接再厲，家長也對此予以配合。

應試教育對建立正確價值觀，與人相處的正確態度，的確有負面影響，很多研究指出，新世界需要更多協作，互相促進的能力，有合作，有競爭，共建、共享。更深化推廣正向價值觀，是合適的。

（二）認識中國文化

2018年3月起中美貿易戰是中國在中日戰爭後，對外抗爭中最重要的一次戰役；2019年12月開始的新型冠狀肺炎，更是對國人具致命性的重大考驗。中國能在中美貿易戰，立於不敗，更能在疫情後，復甦經濟中站穩陣腳，令國人欣慰，令外國側目，世界各地紛紛討論中國文化的優越性，身為中國人，能不更加努力了解中國文化的特性，對日常生活及人文素養的影響？我盼望教師們更深入學習中國文化，並指導學生學習中國文化中值得珍惜及保存的特性。

（三）生涯規劃

以往在中學講生涯規劃，一般是指導學生選科、選校、選職業，更進一步選擇如何走人生的路。而在小學講生涯規劃，一般想法是「未免太早吧」，更甚者，童年應是快樂地度過，講這些令人煩惱的問題，是否不合適？

但另有一些想法卻相反。記得以前讀過一些以下的句子，「志不立，天下無可成之事」，「要立志做大事，不要立志做大官」，可見，立志，對讀書人（學生）來説，是極重要的。梁啟超先生曾經這樣教導我們，「為什麼讀書？為的是要學做人」，立志、學做人，便是選擇走怎樣的路，不是應該自小便教，常常去教？

最近有些因素令立志，建立自己的願景，用內動力驅使自己主動學習，顯得更為迫切及重要：

1.疫情令遙距學習更為普遍及必須：不容否認，在更少機會面授下，教師的權威及影響力可能會下降，即是説，我們要更快地做範式轉移，讓兒童成為學習的主人，教師應讓學生知道自己為什麼需要努力，讓他們建立自己的目標，為達成目標而學習，這正是生涯規劃的真諦。

2.互聯網的普及改變學習形態：由於教材電子化，互聯網的普及應用使個別化的學習更為普遍，學習自主了，群眾影響力減低了，便更需要兒童自主學習，若兒童不能自律及保持良好的習慣，其學習效能便日走下坡，如何使兒童變成學習的

教師應讓學生知道自己為什麼需要努力，讓他們建立自己的目標，為達成目標而學習，這正是生涯規劃的真諦。（Shutterstock）

主人，似乎強化其動機是唯一途徑，教導其如何選擇應走的路，更是必須了。

2021年2月25日

新老師的憂慮

新入職老師是退休、離任老師的接班人，十分重要。新老師的專業態度，主宰教育界的前景，就有如我們說，年輕人是未來一樣。

很多教育研究說，新入職老師第一年的工作，影響其在專業領域裏一生的成就，所以不論師資培訓機構、學校領導人，都十分重視新入職老師第一年得到的支援是否到位。

曾經有一個構想，新入職老師的工作量是其他老師的百分之八十，而負責指導新老師的校內資深教師，其工作量也要酌減，俾使這個師徒制的雙方，有足夠空間在新教師入職的首年，甚至第二年，用夥伴同行的概念，作出專業發展，以保證校內老師與新老師有足夠的交流及文化傳承，雖然最終因資源問題，以上構想未能真正付諸實踐，但可見在政策設計人士心中，新老師的重要性。

過去幾年，我都有用義務工作的方式支援幾位小學校長朋友校內的新入職老師，辦法是他們各派出一至二位新老師，加入一個組群，大概有5所小學合作，便有8位左右的新老師入組，建立學習圈，我用顧問身份了解他們在入職的第一年遭遇的困難，並給予支援意見。而小組內的同工，也可互相交流，每年除日常的溝通外，也可會面座談三至四次，作專業上的研討，參與的同工幾年來都覺得這個模式可以互相學習，有一定效能，使專業技能及態度皆有進益。

2020年是比較特別的一年，有幾個我留意到的現象想同大家分享一下：

停課不停學

因為疫情關係，2020年2月至6月間的停課，當然對各校師生家長都是衝擊，在生活和學習上帶來很大的轉變，對新老師來說，影響更大，因為他們進入學校不到五個月，剛剛了解到一些校內工作的規則及文化，便停頓下來，面對另一個絕對不同的處境。對新老師來說，授課數碼化，他們並不陌生，反而是有些專長，但與原有教師尤其是資深教師，在電子化教學的認知及技巧上，鴻溝甚大，集體備課、示範教學時教案準備，爭議及分歧是不能避免了，人際間的磨擦及包容，在專業堅持及妥協之間，令新老師面對更大挑戰。

復課後的新挑戰

好不容易疫情稍緩，復課了，新老師與舊有老師重新在校內工作環境裏面對面重聚了，大家都由陌生到再熟悉，不同的問題又再浮現，這其實不一定只有新老師才需要面對，但他們受到的困擾卻更大，是什麼呢？

當自己在教育理念裏的價值觀，與別人有很大分野時，應該如何自處？舉例來説，復課了，學生回校以重新適應優先，還是以趕進度優先？由於改為半日上課，在下午時應否保留遙距教學？測考會按原定設計進行，還是取消？應否增加上課日子，削減7月份的暑假？這一切的討論，對每所學校而言，都十分重要，但對新老師的困擾，肯定更大，因與他以往的經歷或受訓時的學習，所產生的理念未必類似，應該何去何從？

除了以上停課、復課後產生的環境、處境上的變化，我再提出兩點，希望大家深入思考，這不但是2020年的新老師所面對的問題，也是新一年度入職老師所共同面對的問題：

因應2020年暑假前各校的校情，這一年在教師培訓裏的大部分受訓者，都缺乏課堂教學實習的機會，即是説，2020年9月的新入職老師群，教學經驗必有明顯不足，校長及資深老師（尤其是兼做導師的），應有適當的準備及應對策略；《國歌法》及《國安法》的實施，對校內各階層都有一定的影響，對新舊老師來説，學校應該有一連串的指引及措施，達致識法及守法的氛圍。

最後，我希望所有學校，不論領導及負責培育部門的同工，都一起切實檢討校情及形勢，做好以下工作：

重點培育這兩年入職的新老師，若他們在這兩年社會動盪下的受訓及工作經驗不足，校方要適當關切。

全面學位化下，中層架構的分工，需要有系統及策略的重新規劃，引入行政主任後，行政工作的細緻化，與校內各主任的配合也應重點檢視，迎接新局面。

我非常感謝新老師的學習圈小組同工給我的一些啟發，讓我能在此與大家分享，盼望來年的工作，大家能做得更好，尤其疫情可能重臨，以上的經驗及反思，或許對我們都有所裨益。

2020年7月15日

作者簡介

鄒秉恩，現任和富慈善基金李宗德小學校長、中國教育學會會員、教育人員專業操守議會成員、價值觀教育常務委員會委員、香港教育行政學會院士、教育評議會教育基金有限公司主席；於2010年取得第8屆香港海華師鐸獎、2016年獲頒發行政長官社區服務獎狀及於2021年獲香港特別行政區頒授榮譽勳章。曾任教育評議會主席、第十一屆教育人員專業操守議會主席、聖公會中央教育委員會委員、香港學界體育議會董事局總司庫、香港學界體育議會財務委員會主席、九龍城區校長聯絡委員會主席、九龍城區公益少年團執行委員會主席等；曾於聖公會聖米迦勒小學、聖公會基心小學、聖匠中學、公理高中書院擔任校長及於香港教育學院擔任講師兼高級課程發展主任。

聯繫感代替社交距離——重建和諧校園與個人幸福感

謹以本文呈獻給所有在COVID-19疫情中用心救治病人和一直緊守崗位的香港醫護人員，就是因為有您們的堅毅勇氣、專心致志和敬業樂業的服務精神，全港學校才得以復課有期。在此，筆者謹代表香港所有市民，特別是業界的同工們、學生和家長，誠摯地向您們表示感謝，由衷致敬！

在4月因肺炎疫情停課期間，筆者曾與一些核心的行政領導人員召開了一個特別會議，席中我們談論到有關對實施社交距離（social distancing）政策的憂慮，因社交距離愈久，人的關係會變得愈疏離。特別是我們的教學對象，6-12歲的小學生，長期停課加上少了接觸學校的老師和同學，學習被打斷，情緒也受到影響。當一旦復課時，他們會否變得對人有抗拒，對學習陌生，甚至會不習慣校園的常規生活呢？所以「如何重新連繫學校的所有持分者，重建和諧（harmony）校園和他們的幸福感（wellbeing）」將會是我們最急切關注的課題，而建立人與人之間的聯繫感（connectedness），也將會是我們2020-2021的年度學習主題。

人需要有安全感

剛閱讀了一篇在2020年5月才發表〈探討阿爾及利亞社會中之社交距離與社交聯繫關係〉（Social Distancing and Its Effect on Social Connectedness in the Algerian Society）的文章[1]，原來在Messaoudene和Belhami （2020）

兩位研究人員的眼裏，人與人的接觸會有以下的意義：

人與人的接觸是有它的特定意義，是有其需要性的。人需要有安全感，所以需要和人接觸，從而獲得肯定、心靈充實、強壯和有所歸屬。因為有他人的同在，個人才顯得有其重要性，令自己的生活富有意義。無論是在公共地方或狹窄場地，人與人的緊密接觸，才可消除個人以至集體的疑慮，也可以解決因孤獨、恐懼、沮喪甚至動亂或不安的問題等。

自2020年1月肺炎疫情在港爆發開始，香港人已經歷了一段頗長時間的社交距離，原有的人與人之間的緊密聯繫、社交網絡、個人幸福感以至身心靈健康等都被削弱得體無完膚。

根據一份於2020年4月出版的醫學雜誌期刊*Lancet*[2]報道，有關作者認為嚴控出入境關口、強制隔離政策、社交距離或一些集體行為改變措施如必須經常佩戴口罩等都能發揮一定的防疫作用。然而，上述相關措施都是為了令到人與人必須保持一個適當的社交距離[3]，才不致於容易被病毒感染。保護的不只是個人自己，更重要的是要保護對方。文章更勸說大家要避開到人群聚集的地方、在家工作、不要作社交聚集、避免握手和集體飯聚等。

至於有關聯繫感的積極意義，美國疾病控制及防禦中心首席副總裁Dr. Anne Schuchat 曾說：「當我們談及健康與幸福感時，我們便會直接聯想到聯繫感（connectedness）的問題，那是指與社區、家庭、朋友以及所愛的人的

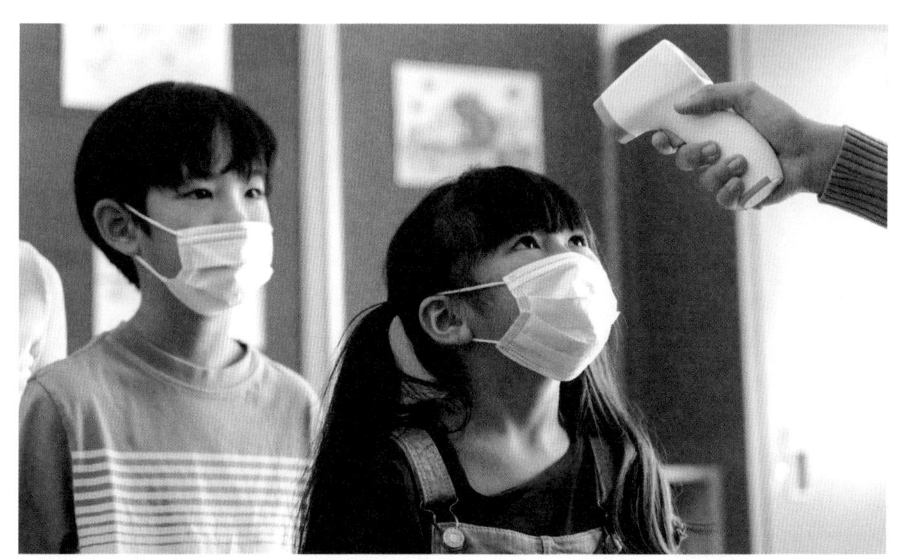

6-12歲的小學生長期停課，學習被打斷，情緒也受到影響。當復課時，他們會否變得對學習陌生，不習慣校園的常規生活呢？（Shutterstock）

緊密聯繫。而紐西蘭政府社會部對社交聯繫感（social connectedness）的定義，認為是由三個主要成分組成，分別是社會化（socialising）、社會支援（social support）和歸屬感（sense of belonging）。三個成分加在一起，便可以支援到個人的幸福感（wellbeing）和增強抵抗壓力的彈性（resilience）。」

另參閱Frieling, Peach and Cording （2018）[4]就有關社交聯繫感與個人幸福感關係的研究，他們所定義的「社交聯繫感」是指人與人之間的社交緊密關係，是推動幸福感與增強個人抵抗壓力彈性的關鍵驅動因素。社交聯繫（social connections）在連結人與人許多方面的生活，例如由尋找適合自己的工作、索取意見去作重要決策，到在艱難時刻爭取支援和選擇與何人及怎樣享受生活等，都扮演了相當重要的角色。優於社交聯繫的人和群組，都會比較快樂和生活健康一點，因為他們對掌控自己的命運和解難的能力會更有把握。

付諸實行時，建立良好社交網絡能更幫助自己取得支持和聯繫，同時也可增強人相互之間和在組織內的歸屬感。由於組織內的人習慣了與人合作、建立信任並樂意與人交往，接觸愈多，聯繫感愈強。

強化人與人之間的聯繫感

對筆者來說，香港正經歷一段頗不尋常卻令人傷感的黑暗日子，嚴峻的疫情打斷了全港市民的生活作息，大家不能自由往來，學校被迫停課，面授課堂也被飭令禁止。由於政府因疫情愈來愈嚴峻，收緊限聚政策，除規定聚集人數外，還為社交隔離設限，所以一般市民都再沒有享受從前正常的社交生活，更沒能時常與喜愛或相熟的親人會面了！加上2019年6月發生的反修例運動所引起的長期社會矛盾與不安，也令我們更擔心人與人之間的社交距離增加。問題是：特別是在冠狀病毒肺炎疫情過後，我們可如何盡一己綿力去改變這個社會現象，為香港市民重建信心，修補及連繫大家的社交聯繫關係，強化市民的身心靈健康，維持個人以至大眾的幸福感，把這種和諧和幸福感帶到學校、社區及全香港？作為教育工作者，我們可以做什麼？從哪裏出發？

當然，重建與強化人與人之間的聯繫感或稱社交聯繫感是一個出路。所以，我們可以從維繫人與人的關係開始，無論是有系統組織與否，或以肢體或精神的形式，均可在社區播種社交連繫的信息，讓人們願意互相支持、悅納，享受大家的同在、作伴及走在一起。當學校復課後，我們也可以用同樣的方式讓學生們召聚在一起，由同學、同儕好友或老師作伴，讓他們感受到從人而來的溫暖、尊重、關懷與大愛。

然而，歷史告訴我們，改革需由小步伐開始，但目標卻必須明確。我們可以先把重點放在一些已行之有效的成功經驗，例如我校推行有年的夥伴同行、螢社、螢亮計劃、服務學習、生命教育、品格塑造課等計劃可以繼續發揮其聯繫功能，讓孩子們享受當中的社交接觸關係和樂趣，將他們的同儕夥伴、老師和好朋友們連結在一起。另外，亦可透過家校合作及不同的學習計劃如健康校園和學生幸福感等聯繫社區，以增加其校內、校外的歸屬感及健康的社交聯繫感。

其次，我們也可把目標放在如何強化家庭與學校以至社區的強效聯繫關係。有了這個強而有力的家校與社區合作平台，我們更可以把孩子與教師、孩子與家長、孩子與孩子、教師與家長、教師與教師，以至家庭與家庭、家庭與社區等，用同一個信念、遠象去維繫在一起。建立了這個緊密互信關係，社區裏的家庭、朋友間可以互相聚面、問候與交誼；教師間可以一同備課、研課和共膳及以團隊力量去培育孩童。有了這個社區共享交流平台，透過重建社交聯繫感，我們更可以互相合作、互相支援，為陶造健康生命、建設和諧社區與眾人的幸福感，貢獻自己。

各位讀者，就請我們一起行動起來，建議每天多一點微笑，多給別人關懷、稱讚、支持和希望。不妨給您最親近的人來一個熱烈的擁抱，或説一句簡單的問候説話，或向身旁的人展示一個禮貌的笑容，讓我們的社交聯繫感釋放出來，為我們的家庭、學校、社區帶來和諧與幸福感！

1：Messaoudene, A. &Belhami, M. (2020) "Social distancing and its effect on social connectedness in the Algerian Society". *The International Journal of Social Sciences and Humanities Invention*, Vol. 7, Issue 05, May 2020.

2：*The Lancet* is a weekly peer-reviewed general medical journal. It is among the world's oldest and best-known general medical journals.

3：Also said by Anne Schuchat, the Principal Deputy Director of the U.S. Centers for Disease Control and Prevention,"Keeping your distance from others helps keep others healthy." Source comes from https://www.aarp.org/health/conditions-treatments/info-2020/social-distancing.html

4：Frieling, M., Peach, E. K. & Cording, J. (2018). *The Measurement of Social Connectedness and its Relationship to Wellbeing*. Ministry of Social Development, NZ: Wellington.

2020年9月30日

從探討香港新一代的特性說起

時代轉變，特別在千禧世代，年輕人的成長歷程與他們上一兩代比較，這裏是指由50、60年代嬰兒潮出生的人，與70後、80後、90後到千禧後出生的年輕人的成長計算，都有顯著的不同。

近年全球的年輕人都顯示對社會上許多問題，包括：教育、社福、就業、醫療、環境、衛生、房屋、政府施政與個人權益等都有不滿，他們認為自己幾經努力學習令到自己學歷提高，仍不能保證自己可以享有如父母一代的福利，包括：找工作、賺錢、人生規劃、購買居所、早日結婚、自由權利被剝削，和應享有的東西不受政府或國家保障等。因此，社會呈現了以下的現象[1]：

1. 大部分人收入不高、薪酬較低導致經濟能力減弱；
2. 許多買不起樓被迫和父母同居的「啃老族」增加；
3. 若干具高學歷的人在畢業後的幾年仍需負擔沉重學債；
4. 打工仔工時比前更長，感壓力，下班後還須經常在家繼續工作；
5. 世人經常會把自己跟朋輩或前人比較，自我形象模糊；
6. 年輕一代與人感情關係複雜，有「選擇的矛盾」和容易感情豐富不專一；
7. 養育孩子的成本在過去半世紀升了幾倍，令今天年輕人要慎重考慮結婚和生育的負擔。

年輕人負擔愈來愈重

生態不同，心態也不同。但不得不留意，現下國際社會上十大首富當中，除Inditex的創辦人奧特加和股神巴菲特是30年代出生之外，大部分人是50或60後，如：Microsoft創辦人比爾蓋茨和Amazon的貝索斯等，甚至是70後或80後出生的年輕創業家，如：Facebook的創始人朱克伯格等。所以說，今天國際社會甚至許多國家的經濟命運就是操控在這些企業家、創業家的手中。他們正正代表50後、60後、70後、80後，足以作為接班人的90後和Y2K世代（即千禧後）學習楷模。

雖然筆者並非否定50後、60後和70後一直以來為香港的貢獻，他們為香港繁榮穩定奠下良好的根基，然而可以預見的是，由2021開始至2041這20年，分別有19%、26%和30%的人口屬於65歲或以上的族群，意指由今天到往後10年或20年，老年人口將會不斷上升。

在人口不斷老化的現象中，80後與90後未來的負擔將愈來愈重，因為在未來10年、20年，他們都會是香港社會主要的生產力和納稅人，包括須負擔照顧這班老年人的責任。據統計處估計，從事經濟活動的人，在2021年開始需養多1個人，至2041年則需撫養1.3人。如果樓價不斷上升，物價指數亦以倍數計上升，而人工又追不上通脹，那麼低學歷、低收入人士的前景更值得憂心，自己都照顧不好，他們可以怎樣更好地照顧家人？

所以要避免這班中流砥柱產生消極思維，以「有酒今朝醉」的心態去逃避現實，更要避免Y2K千禧後因80後與90後的不振而步上他們的後塵，政府、學校、社福機構以至大眾社會人士，都應作出即時干預，一起為扭轉這個社會未來負面命運而出一分力。

80後、90後的特性

參閱許多討論文章[2]，一般認為香港的80至90後的年輕人有以下的特性：

1.自評

在職場上，他們認為自己愛創新，雖然自我，但肯創新、積極主動、勤力和追求自由；另他們期望能貢獻自己力量，可以參與公司的決策，認為金錢回報很重要、愛直接溝通和期望上司讚賞。

個人層面上，他們認為他人不理解他們、感到不受尊重；他們反對權威、愛宣示自己觀點和用較激烈手法表達；喜歡網上組織、結成群組、無特定表達模式、行動隨時升級；願意為理想寧願過低薪生活，卻未必願為養家而放棄理想。

2.別人眼中對他們的評價

在一般僱主眼中，他們認為80後、90後愛追求自由（例如喜歡彈性上班），做事有活力、肯創新，不過有點自我中心、欠耐性，認為要令工作有趣味才可留着他們。

在一般人眼中，80後、90後比較憤世嫉俗，喜歡不平則鳴；愛「吹水」，喜「埋堆」和愛「吃喝玩樂」；他們屬「月光族」，今朝有酒今朝醉；不多想將來，今天不考慮長壽，對儲蓄和置業抱消極態度等。

理想與現實的距離

事實上，80後與90後對畢業前的自己的認識和在實際企業職場需要的研究發現是有點落差的。例如據香港中通社報道，2010年城大市場營銷管理學系的一個研究認為：

企業選拔大學畢業生所需的三大條件：

1. 語文及溝通能力（94.75%）
2. 創新及分析思維（79.5%）
3. 表達及論述能力（57.5%）

研究亦發現，九成企業受訪者期望新入職大學生首要擁有「親和力」及良好的「情緒智商」管理能力（95.5%）；其次為「紀律性」（75.0%）及「上進心」（70.66%）；僱主與未來入職的大學畢業生期望出現錯配，僱主期望大學生需有「軟實力」（即軟技巧）及思維這兩大範疇的就業能力，但相對較不看重學校的知名度；而80後、90後學生則認為僱主只着重「硬知識」、學歷文憑，以致大學生表現未能到位，期望與現實需要不一致。

另根據香港青年協會在2020年發表的一份就80後、90後及Y2K千禧後對未來技能需要探討的一篇研究報告[3]所見，當中發現受訪青年認為需要具備條件，依次為「團隊協作」（44.2%）、「人際技巧」（41.6%）、「溝通技巧」（38.9%）、「解難能力」（35.8%）和「危機處理」（30.9%），才能帶領社會，迎向未來。同時，受訪青年認為領袖應有的素質依次為「品德/ 誠信」（49.8%）、「具遠見」（40.3%）、「社會責任」（37.6%）和「同理心」（36.8%），反映青年認同軟技能和個人素質的重要。

綜合受訪專家所言，預料社會將更複雜及有更多不確定，青年需具備應對挑戰的心態與能力，才能配合職場的轉變、需求和期望。該報告同時指出，全球在疫情期間經歷種種挑戰，青年的學習、工作和社交模式出現前所未有的轉變；面對新常態的出現，提升新一代的適應和競爭力更顯重要。

培養學生競爭能力

縱覽上述對香港新一代的認識，特別是80後、90後以至Y2K千禧後，屬未來帶動社會經濟向前發展的核心分子，我們需要讓他們裝備好有基本的硬知識外，更需要培養他們的「軟實力」去填補這個空間，當中包括：

- 親和力
- 情緒智商管理
- 創新思維
- 分析思維

- 表達及論述能力
- 紀律
- 上進心
- 及溝通能力
- 解難和危機處理能力

因此，作為教育工作者，我們可以怎樣在面對新常態的出現前，為香港學生提升競爭力而作好準備？學校可如何協助同學去建立自己的實力？

簡單來説，學校要以發展學生的軟、硬實力變成他們將來的競爭能力，我們可以營造有利辦學條件，並為同學提供機會（包括參與不同活動、升學及就業）和發展空間；例如我們可以：

- 多發放正能量和糾正某些錯誤的價值觀；
- 創造有利學習的條件、增加有素質的在學時間；
- 發掘及尋找校內、外資源；
- 全力提升同學對學校的歸屬感；
- 推行生本教育及重視思辨能力的培訓；
- 訓練同學的領導才能；
- 在同學成長經歷中製造若干成功機會；
- 對同學不離不棄，付出無比愛心與忍耐。

願我們都能為學生們打造一所真誠以學生為本的學校，着重學生的全人發展，使他們能成為將來社會具高度智慧、有高尚品德、有遠見和有社會承擔的領導人才，我們就應該趁現在在基礎教育開始推行配合他們性向發展的教育課程，目標放在學生於畢業入職後的當時社會需要，及早為學生定向、定位，進行有計劃的生本教育，以提升他們終極競爭能力為目標。只有這樣，香港青年人的適應力和整體競爭力才會得到保障與提升！

注釋：

1. 資料參考自《香港01》記者曾凱欣於2018年3月18日發表的文章，內容引自2018年外國雜誌*Business Insider*的調查，顯示今天年輕人在千禧世代面對的問題，與上一代的生活環境有着極大不同。
2. 諸如〈提升青年競爭力：軟技能與持續發展〉、〈全球競爭力排力與香港競爭力〉、〈80後、90後「嫌命長」〉等等。
3. 香港青年協會：《未來技能，迎接挑戰》報告。

2021年2月16日

作者簡介

蔡國光，香港中文大學新亞書院歷史系畢業，香港中文大學研究院文科碩士。歷任教育評議會主席/副主席、教育評議會教育基金主席、香港特別行政區選舉委員會委會、香港特區政府中央政策組（非全職）顧問。現時擔任教育評議會教育基金副主席、仁愛校長會委員、香港教育大學在職教師專業進修課程諮詢委員會委員、中學及小學校董等事務。

古時香港不是荒島，認識香港四大產業

港島及九龍，是滿清兩次鴉片戰爭失敗被迫割讓予英國；界限街以北至深圳河，是晚清列強在華劃分勢力範圍時，英國強佔租借。至於此前的香港，一般人印象模糊，就當作人煙稀少的荒島，或只是務農打魚的閒散村落。

香港的原貌如何？新石器時代的考古遺蹟與文物發現太久遠，就先談談熟悉的屯門。

屯門名稱由來始於唐朝政府在此地區駐守士兵及郵務人員，目的是防禦海寇及傳遞軍情。稱作屯門，意思是「屯兵之門」，海灣稱作「屯門灣」，所在山嶺稱作「屯門山」（今日的青山）。當年這中國東南沿海對外交通的重要港口與軍鎮，是為保護海上貿易而設立的一個軍港，也是廣州外港，發揮重要的經濟與軍事功能。唐宋時期，對外海上貿易發達，關稅是政府財政收入重要來源，政府於沿海設立市舶司，如廣州、泉州等港口市舶。唐代地理學家賈耽曾詳細描述當時全球最長航線：廣州通海夷道（1.4萬公里，記載見於《新唐書· 地理志》），這條航線就是古代海上絲綢之路、瓷器以至茶葉之路，以及阿拉伯來華香藥之路的描述。商船從廣州起航，向南至珠江口的屯門港，然後折向西南方，過海南島東北角、越南東南部海面、馬來半島湄公河口，通過新加坡，穿越馬六甲海峽，橫越印度洋，抵達斯里蘭卡和印度半島的南端，再至波斯灣，最後抵達當時大食國（阿拉伯）的首都，即今天的巴格達。

香港的歷史，在歷朝的經濟、外貿、文化、海防各方面，都曾發揮重要的作用。（Wikimedia Commons）

屯門作為屯兵戍邊的海防軍鎮，始設置於唐玄宗開元年間（736年），當時隸屬安南都護府，其轄管地域包括今東莞、香港及深圳沿岸一帶，指揮部位於今深圳南頭城。軍鎮內有郵驛設施及編制兵額二千，以保護海上貿易。宋朝政府設屯門巡檢司，將屯門與擔竿洲、琵琶洲（今日的龍珠島）三者聯為海上防衛體系。至明朝，葡萄牙（佛朗機）人曾進駐屯門，建石柱，刻葡國國徽，意納屯門為其基地。明中葉（1521年），廣東巡海道汪鋐率南頭軍民大敗葡軍於九逕山（屯門灣東）、茜草灣，葡人被逐，轉向謀劃澳門。

屯門軍鎮歷經唐朝至清朝，編制與地域或略有改動，但以屯門稱謂，用於軍事功能的名號（如「屯門砦」、「屯門墩台」、「屯門寨」等），至鴉片戰爭後始被英殖政府棄用。

古代香港有什麼重要產業？

除了軍事與外貿交通樞紐外，古代香港有什麼重要產業？

先由「香港」一名談起。

較早研究香港歷史的羅香林教授考證，「香港」之得名，即因其為運香、販香的海港。

古代香港先後隸屬於東莞縣或新安縣等（今東莞、深圳、香港等地），此地域盛產香木，又稱「莞香」。早於宋朝年間，瀝源（沙田）及大嶼山沙螺灣等地種有大量香樹（又稱土沉香、牙香樹等），香農將香木製成各種香製品，或從陸路先運抵尖沙咀，或集中運往香港仔石排灣，轉而運往內地，或經南洋遠銷至阿拉伯國家。香港各地區種植的香木，質量優良，在莞香中堪稱上乘；其中能結出沉香的產品，被譽為「海南珍奇」。

古時尖沙咀又稱為香埠頭；沙田城門河附近有地方稱香粉寮，就是利用水碓來舂香木成粉，製造線香塔香的；石排灣又是香市港口，以運香木出口而著名，因此被稱為香港；附近有村落叫作香港村（香港一名的由來，眾說紛紜，以香木而得名，或誤以香港村當作香港，皆屬其中待考之源）。

其次是鹽，今天尋常之物，古代卻是重要經濟產物，官府更課徵稅項，或實行專賣（專利鹽的生產、製造、販運、銷售，也包括採礦鑄鐵，以及酒、茶葉等，如漢武帝時期即實施鹽鐵酒專賣）。香港周邊多沿海，產海鹽有地利。北宋初年，朝廷在廣南東路設置14個官辦鹽場；其中在今天的九龍東一帶，設立名為「官富場」的官方鹽場，派有造鹽官並駐兵。當時香港屬於廣州府東莞縣，縣內的屯門一帶，也產鹽，歸屬黃田鹽柵之內，是另一產鹽場。今天維港東面入口——佛堂門天后古廟旁，仍然豎立着一塊石碑；石碑是由南宋官富鹽場鹽官嚴益彰豎立，見證鹽場昔日的重要。元朝時期，官富場改為官富巡司，明朝時則改為官富巡檢司，設有巡檢及司吏各一，並駐弓兵，以打擊販賣私鹽者。明朝的官富鹽場已躍升為新安縣境內四大鹽場之一，產鹽除指定繳納外，更可供廣西、江南一帶之用。

珍貴的海珠，是古代香港其中貴重產業之一。新界大埔海（今稱吐露港）得天獨厚，開敞的內海灣，水溫、水質、水流、泥砂底質皆適宜，得以盛產珍珠。自唐至清，就是皇室專用採珍珠的海灣，又稱大步海。五代十國時南漢後主劉鋹於此地區設為「媚川都」，頒令士兵駐守，又招募兵勇，徵集船家及採珠漁民，在海上大規模採珠。相傳宋太祖滅劉鋹，火燒皇宮，在宮內發現四十甕珍珠，俱採自媚川都。大規模的官方採珠，大埔駐官兵，以及從事採珠的大批船家、採工、商戶，軍寨衙門設立，促進大埔興起，南漢年間大埔已成墟，以後歷朝皇室相繼在大埔海採珍珠，使大埔發展為香港早期墟市之一。

另一大規模產業是陶瓷外貿與燒製。香港曾經是華南陶瓷業重鎮，包括轉運出口或是生產內銷，皆與華南地理和交通有關。其中江西景德鎮瓷器譽滿中外，景德鎮早於漢代已燒製陶瓷，經過不斷發展和改良，所製瓷器在宋元時期已作為「外銷瓷」輸往東南亞、南亞及西亞各地。景德鎮出口陶瓷須先運到廣州，經香港再轉銷海外。至於本地陶瓷生產，大埔碗窰是香港的陶瓷燒製中心。明代文、謝兩家族在大埔經營窰場，生產青花瓷器，產品有碗、盤、盞、碟等。清朝康熙年間，沿海遷界及復界，從廣東長樂縣南遷至大埔的客籍馬氏族人，出資購入窰場。二十世紀初期，由於廣東沿海其他窰場的產品競爭，碗窰的陶瓷業日趨式微，至1932年停產。

古代香港，不是小漁村，更不是無人島。設衙門，駐軍兵，多種產業曾經興盛發達，更是中國南方海路經貿交通樞紐與軍事要衝。香港的歷史，在歷朝的經濟、外貿、文化、海防各方面，都曾發揮重要的作用。

2020年9月7日

繁簡靈巧潮州菜，鮮活多采鄉情濃

上世紀五十年代，雙親從潮州普寧的長溝圍與大長隴先後來港；那年頭來港就是求生，求生存、求生活。輾轉在九龍寨城旁落腳，營辦一爿冰室，算是安頓下來。

冰室是開放空間，來往的同鄉親友頗多，又在潮人聚居的九龍城，筆者不知不覺就在港式潮州文化中成長。孩提至少年時這沒有什麼感覺，往後回想，卻是滿載鄉情。

舖頭每朝煮備一大鍋白粥，伙記親友以至熟客隨便舀取享用，伴食就是鹹菜、花生、菜脯、烏欖、麻葉、貢菜、鹹蛋之類，稱作鹹雜。正餐每天煮兩頓，午飯及晚飯；事頭伙記圍檯共吃，有時加上親友，或者初二、十六做禡，桌上餸菜十來碟不會少，尋常吃飯也就是喧喧嚷嚷的。

當年吃着的，那些屬潮菜，不會作分辨。今天回想，是拜神做節的日子，潮菜出現的較多，這是雙親恪守傳統的習性。

我認識的潮菜，食材如海鮮的魚蝦蟹貝，禽畜如雞鵝鴨豬牛，蔬果如菜根莖豆，兼容並包；食味是甜鹹清鮮為主，亦有濃重肥腴煎炸的；既追求鮮活的原味，也多的是醃漬燻鹵，而汁醬佐料伴煮或醮吃是品類頗多。煮製既有極簡便的，也有工序繁複的；就是秉持經濟運用的原則，以質樸的食材，或原

普寧流沙鎮早點：粿汁（鹵汁豬肉豬什粿片）。（作者提供）

相風味，或搭配製作，以求發揮優質變異。體現勞動人民對食物的珍惜與誠意，又不失口味的追求；像那潮州英歌舞，傳統淵源，跳脫靈巧。

兒時喜歡吃母親炸製的芋頭、地瓜（番薯），炸物切成幼條狀或薄塊狀，伴着花生醮粉糊油炸，喜其脆口粉香。簡單的炸潮州豆腐，外酥內軟，海鹽略洒，或醮韮菜鹽水、蒜茸白醋皆可。熟悉的炸蠔餅稱蠔仔烙，用細如珍珠的泥蠔，和着地瓜粉醬，烙煎而不是猛火油炸，醮魚露吃；至於蠔仔肉碎粥用的是略大的水蠔。最緬懷當年隨先父到潮州食店吃的鯧魚粥，那鮮美的魚肉，配大地魚、芹菜、冬菜、香菜、胡椒共冶一碗，這情景怎可能半個世紀後還有印象，不解。

高檔的潮州食店，招牌菜就是大紅蟹、龍蝦、排翅，鹵水獅頭鵝免不了，皆因可以賣得好價錢。至於尋常人家，吃的是家常菜；兒時喜好家中幫工，我喚作阿姑（a gou，姑媽）煮炸的蝦卷，這與食店的蝦棗略同，卻工夫多了。先要預備鮮蝦、豬肉（肥瘦得宜）、馬蹄，切粒切碎伴勻，調味，配五香粉；浸軟腐皮，包裹食材為長條狀，蒸煮後攤涼；切件油炸，醮桔油伴吃，懷想親誼往昔的關顧，念着的滋味愈來愈濃香。

先父偶爾會買些蝌蚶，在家裏與母親就作小吃。大熱水燙灼，貝殼微張，掰開內裏血紅鮮嫩，或醮醬油辣油生吃；兒時會跟着嚐食，年長以後吃得有些遲疑了。

家裏煮吃的，還有煎馬友塊、煎沙尖魚、蒸烏頭醮豆醬、草魚凍、鹹菜豬肚肉排湯、韮菜肉絲炒潮州麵線、酸梅肉片煎蛋湯、益母草肉丸湯、芋頭飯……我都是菜來張口，原來幸福一路相隨。

年紀長，口味重，現買的煙燻鴨、煙燻豬頭皮、鹵水鵝肝，下酒品配干邑，成了絕佳所好。

潮菜的甜點

甜湯（糖水）是常吃的，湯丸可以現搓成長條狀，切小粒（無餡）投進大熱水加糖煮成，一般是冬至或過節時吃。姜薯與東京丸是潮式特有，前者削薄片燙灼於冰糖水，後者以東京薯製丸粒狀如西米，這個要靠親友從鄉下帶來，水滾投放加紅糖煮吃。

潮菜的甜點，芋頭白果少不了。反沙芋頭加橙皮屑炒煮，多了橙香；拔絲芋頭伴青葱煮製，甜脆軟糯夾雜葱油香；羔燒白果，加肥豬肉與桔餅，油滑果香滿滿。

可能因明清時代潮州地區種蔗絞汁煮糖的產業興旺，潮人甜食頗多。零食類的糖果餅食花樣甚多，潮式月餅是大大的薄身圓形，酷似滿月，以綠豆茸作餡。最喜吃的是大長隴的南糖，花生糖底下舖一層豬油糕，香滑豐腴配炸花生的酥脆與麥芽糖膠的甜軟，魔鬼的誘惑，卻是欲罷不能；這個也只能求諸鄉親順帶到港。

食粥食飯是港式俗語，也是潮州話，飲茶叫作食茶。而工夫茶所用茶葉不限於鐵觀音，潮州人更重視鳳凰山土產而矜貴的烏東單叢、嶺頭單叢，取其香氣、底蘊、回甘與生津。茶飲與甜食搭配，故然天衣無縫；閒來品茗，細意那雲淡風輕，勝似信步悠然。

2020年11月11日

作者簡介

黃冬柏，新會商會中學校長。畢業於澳門培正中學及香港中文大學。理學士（主修物理學）、哲學碩士及教育碩士。主教科目包括物理、科學、高補程度通識科等。2003年「傑出教師選舉」獲頒優異獎、2011年獲頒海華師鐸獎、2019年獲頒發民政事務局局長嘉許狀。現為屯門區校長會副主席、屯門區西北分區委員及屯門區青年活動委員會委員。教育評議會增選執委、灼見名家傳媒「教評心事」專欄召集人及作者。曾任教師中心諮詢及管理委員會委員及參與香港教師中心出版組工作。教評會創會會員及第一至第四屆執行委員、歷任秘書及出版崗位、曾任教評會刊物《教育現場》編委會成員。近年參與《教育心宴》、《教育同心行》、《教育同心徑》、《教育同心橋》、《教育同心牽》等結集的主編工作。多年來關注課程發展、學校管理與改進、學生成長和教育改革等課題。過去近30年常於報章發表本港教育、政策及教改課改評議文章。近年在個人網站、社交網絡專欄上分享雜文、短評（http://gg.gg/pwed2021）。

網課觀察的反思

隨着疫情的放緩，全社會都期盼復常；教育現場渴望的就是恢復實體面授，令多個月來的實時網課教學告一個段落。相信大多數持份者，不論教師、學生或家長，都有這個期望；坊間普遍對網課教學的評價都傾向負面，認為其效能比不上面授教學。

在疫情下選取網課形式代替面授，本來就是無奈。但簡單地將兩者比較，卻似是硬把蘋果和橙做選優；不單只欠公允，更是不適切。如恢復面授教學後全面放棄網課教學策略，無疑是個大錯失。

面對教學法革新不可避

在疫情最猛烈期間，筆者曾以觀察員身份登入幾個網課教學的課堂，全是為數二十多位學生的初中班或高中班，學科計有語文、通識、數學、電腦等。未有長駐的觀察則來自在網教課室內逗留幾分鐘對師生的觀看；連同幾個月來的觀看，有些總結都值得參考。

世紀交替之年香港高調推動電子教學，灑下數以十億計的金錢，但日常教學能夠確切地用到科技的優勝之處的課堂僅屬鳳毛麟角。運用得最多的例子多數是用科技產品代替傳統方法，例如：用簡報軟件代替手寫黑板、用電腦視訊聲效代替教育電視和CD機、用投票程式代替舉手等等。最初的新鮮感曾有助引起學習動機，久而久之就不濟事了。

網課設置基本上是推翻了慣常教學程序，課堂設置與傳統課室是南轅北轍；假若仍想以現時可用的網上程式代替某些常用教學法的話，無法奏效是必然。所以網課教學將令電子教學進程發生突變。

教師教學必須捨舊取新

第一個總結就是，老師必須放棄自己常用的傳統教學方式，連期望也是不變不可。網課平台上老師必須採取全新的教學法和教學策略。近幾年備受推崇的翻轉教室策略應是合用的選擇，實際操作上當然要審視對象學生的能力，再作出適量調整或變異。

重點是讓學生成為主動學習者。筆者見到的一個成功情境，老師要求學生在分享畫面上寫下自己的答案，然後就見到的幾個答案作出評論比較。那不是老師剛才在教學流程中講及的，而是學生先從昨日收到的筆記中研讀，經過預習、思考、動手寫，然後觀察其他同學的答案和做評鑑，整個流程基本上是以學生為主體；所花的課時不多，只是三兩分鐘就完成。

同樣的功效亦出現在通識課堂上，老師用的只是免費的工作表軟件；但他事先要花心思加以設計。

第二個總結是放棄不停地講書、把自己放在課堂中心的做法。學生自己一人在鏡頭前，周邊是他熟悉的環境，甚至有玩具和小食；老師必須在幾分鐘的專注時間內抓住他的興趣，繼而頒布學習活動，讓他動手去做、去學。針對經常聽到的學生無法專心上課，這也是管用的對策。

網課的重點是讓學生成為主動學習者。（Shutterstock）

第三個總結是善用科技進行互動和評估。在傳統教學上較難做到的，但在網課上卻有很多工具可加應用；甚至只需點名叫學生回答都做得到。平時學生最害怕回答時被同學在背後指指點點，現時獨自在鏡頭前，心理上已把恐懼消除去；所以見到有些平日較害羞的學生都可以放鬆地回答提問。

把學生的課業放在平台上分享，即時對比或邀請學生做評估，效果比實體課堂為佳。另有老師要求學生就某課題預錄短片，隨堂播放再加點評淺讚，即使聽不到掌聲但學生明顯感到滿足。這都是網教可達到的好處。

面授和網課融合互補

限於篇幅不再舉例鋪陳，學生和家長角度的探討容後另議。

作為教學主導者的教師宜從幾個月來的網課生涯中沉澱出網教的優缺點，再加應用。某些缺點可能服務到傳統教學難以適切實行的環節，加以實踐應用於面授課上將有意想不到的效用。

綜合觀課所見，筆者期望前線老師在復課後，把在網教經驗掌握到的技巧融入實體課內，令虛擬實體教學得以互補。同時要大幅削改沿用多年的老策略，把課堂還給學生，讓他們主動經歷學習過程。

2021年2月23日

抗疫戰一周年之學校篇

在庚子年的大年初一擂起戰鼓、力抗新冠病毒進擊的抗疫戰爭，不知不覺迄今已快一周年了，但疫情尚未見緩和。在各國科研機構的努力下，疫苗發展已漸有起色，多種機制有異的疫苗陸續推出，有望成為抗疫的有力武器。

回望本地中小幼大學的校園，這一年猶如乘坐過山車般又起又跌，時停時復地執行應變安排。學校的應變策略動輒影響到學生、家長和相關行業持份者，但在應變過程中教育界和校園本身有什麼變動是值得關注呢？

回顧抗疫氛圍下的校園

為了減低抗疫停課對莘莘學子的學習，教育界合力推行「停課不停學」；吸納了過去多次停課經驗和借助科技，經過一段略帶混亂感的百花齊放式應對，上半年後大部分校園已可善用既有的平台和科技，有效地推行遙控學與教。

教師對運用科技實踐教課、學生透過科技平台去學，事實上已達至相當可靠的水平。這是抗疫壓力下帶來的急劇躍進，社會確實要向校園師生給予讚賞。

繼承上學年終的「提早放暑假」策略，新學年伊始就「開學不返學」，然後再度出現「停用面授教學」至到聖誕假、農曆年假；但學校大多能夠暢順地轉型應對。反映出教師的教學策略和授課設計能力，已可緊緊跟着外在環境的轉變。

因新冠病毒的高傳染性特徵，一開始中小幼特各校園就嚴陣以待。除了個人防護物資外，學校亦撥出大筆預算採購主動防疫的設施，如紅外線體溫探測儀，甚至採購基於高新科技的環境清潔和消毒服務。這正正見到校園很在意抗疫戰，而且十分重視師生衛生安危的風險，大部分校園都是嚴格執行有關當局的衛生安全指引。

常態、非常態、新常態

回顧這段歷程，最初學校所做的只是打破恒穩常態。過去校園予人印象就是安穩平常，什麼都是有規有矩地推進；但新冠疫襲來勢洶洶，急快的應對是一個非常情況，而且學校一波又一波地處理這些非常態。

事實上「新常態」一詞早已在學界流行起來，新常態逐漸演變為一種「新」的常態。以教學而言，遙距授課與面授課堂的比重，目前幾乎已達致一半一半；未來即使恢復全面面授，有理由相信未來教師都會借用網絡教學方式，持續地善用學生在家餘暇作為課後輔導或補課。

這種發展有賴過去的一年裏，學校為了切合遙距授課的需求而推行新常態教學；令教師必須從傳統教學模式做改變，以適應新的傳意平台，最終傳意和回饋的迴路闖出新的範式。

以上討論只聚焦於課堂內的教學，但實況下校園生活並非局限於課堂教學，學校提供的學習服務既多元化亦很複雜。不過「新」的常態本身也具有學習的特性，抗疫期間不少學校早已把各種活動和學習歷程加以調整，使得可透過網絡課或各類程式的助力來施行。雖然未必「如常」運作，但可達到相近效果。教育前線人員當然需要花不少心力方才成事。

在抗疫期間，大部分學校的師生都是嚴格執行有關當局的衛生安全指引。（Shutterstock）

展望疫後的學校本質

抗疫一周年，學校運作上確是遇上很多難關，可説把學校都翻轉過來；既要應用新的平台和手段，甚至連某些恒定措施都要作出改動。但學校教育的重要價值並無改變。如前述學校嚴守防疫指引，目標是為了學生安危；學校本質就是以學生為本。改用新平台或其他策略來實施教與學，最終目標就是令學生的學習盡量不受抗疫影響。

抗疫之後學校只會將曾實踐過有效的策略、因不得面授而發展出來的服務新模式等等，重新融合在平常的操作中。參考這段時間對學生素質的新要求，相信未來更需要加以提升的，應是學生們的品格，尤其是自主、自發、自律的能力。

2021年1月20日

2020年學到了什麼

本文刊出時距2020年落幕並不遠，有一則網絡瘋傳的圖片，羅列2020年中小幼學生實際能夠上實體課的日數統計。那七組數據的平均數是80，與往常年返學約190日比較當然少很多，網民隱喻2020年學生將會學不到什麼吧。

從另一角度去思考卻正好相反，這樣的統計説明了學校和教室已變成不再是學習的必需場地。只要細緻地想想，不論是師生還是教育學者專家都會從教育現場觀察到，科技確是令到學習隨時隨地發生着！這一課真是寶貴得很。

新冠疫情教到我們的幾點

甫踏入2020年新冠疫情就爆發，而且不分國界、無分貴賤地人人有機會中招，引證了全球化的威力。新冠病毒不分意識型態、發展水平、貧富或膚色，只要你稍一不慎就會感染到疫病。疫情教懂了世人什麼是「公平」，之後的治療方法和成效才是與社會制度和發展程度攸關。

其次是健康教育。從小到大人人都有學過，經常洗洗手、不要隨意捽眼、咳嗽時要掩嘴鼻等衛生常識，往往人是小處就隨便的。疫情以最嚴厲方式重新教導世人，耳提命授防疫七招（戴口罩、勤潔手、保距離、早求醫、護長者、寫日記、齊檢測），你我唯有乖乖服從。

第三就是要尊重科學。醫療團隊抗擊病毒的武器是科學，用作強力防護罩的疫苗亦有賴科研製造，所以打敗疫情的期望就是科學研究。偏偏有些已發展國家的領導人和國民並不賣帳，衛生防護部門有指引，但我輩愛好自由偏不聽，結果每日確診逾10萬人，疫情教曉你豈可不信任科學！

回到教育大本營，停課不停學有效地教懂前線老師和學生善用科技，借網絡和各種應用程式實現了在家學習。這是逾十年來當局投資和大力呼籲後都未能達到的資訊科技教學目標，如今我們學到了。當前實行中的遙距教學經驗，加上教育界和科技界有心人極力探索各式教學策略、編寫教材學案等，最終把被稱為「新常態」的網課運作轉化成學與教的常態。不同能力的學生更可借用這新平台來提升學習的成效。

同樣的轉變也發生於「在家工作」的實行，令普羅大眾必須學習運用科技手段把工商百業的營運推進日常作業中。

社會撕裂和整合的再平衡

2020年延續了上一年的社運，初時社會撕裂狀況並無受疫情來襲左右；其後為社會提供了冷靜下來的空間。香港社會安逸了近半世紀，「九七回歸」是個不穩定因素多於被視作機遇，加上社會發展過程帶來過多的不安、不公和失去耐性；結果某些社會事件就成為觸發點，引爆出難以收拾的局面。

經過冷靜反思後是否會為人們帶來新的學習機遇呢？首先是需要整合，經商議達成共識是必要的；各持己見之下是不會有理想的結果。刻意引用暴力對事態發展並無好處，最後只會鷸蚌相爭，益了外界的第三者。這一年觀望社會，多了的平靜日子之下會有深層次操作，並找出新的平衡點嗎？一國兩制，原初不就是為了兩個制度、中央與特區之間搭建一個平衡的台階嗎？

今年需要學習「中間落墨找平衡」之外，還有一個成語需要重新學習，那是「物極必反」，除香港社會合用外，這個概念投放到世界各地都是可用的；避免出現「反」，首要是防止去到「極」。

可會學到「放眼世界」？

全球化的效應把世界各地因着疫情關注而連結一起，雖然沒有了隨意執行李去外遊，但世界卻變得更密切。這有助於學習新視野、新概念，而且覆蓋全世界，藉此指導青少年關心遠方發生的事情，學識「放眼世界」。

簡錄兩個例子。美國大選和種族歧視所引發的矛盾和衝突，正好用以反思什麼是真正的民主、自由；不只是想當然或口講就算。各地無休止的示威浪潮和地區衝突，為何疫襲下竟然變得更熾熱呢？導致這些衝突的意識型態撕裂、宗教、統獨矛盾等因素，真是與我們相距很遠嗎？

2020年12月17日

如何面對破碎的這個學年？

踏入6月原是傳統學年埋尾殺青之時，如今變成抗疫停課與復元的交接期。不論學生、老師，甚至家長和社會人士除了停課、延考或停考的應變外，還要顧慮復課後學生返放學的安全。

加上2019年中因修例引起的風波，以及延續至學年初的社會運動，竄入各大、中學校園的滋擾；註定2020年是個破碎學年。

無謂追究學年破碎的原因

不少人仍熱衷究因尋源，亦有情緒狀態難以平靜面對，不過一般人連真相的一鱗半爪也無法掌握。垂手可得的多是傳媒和政客、學者和政評人士的說法；不論其公信力有多高，在嚴重扭曲的價值觀下這些說法根本不能用來找出真相。

學年破碎已是事實，導致這種後果的出現的肇因或什麼人曾做出不理想決策，已經非重要。身為教育界的從業人員，包括前線老師、行政支援和領導、輔導人員和社工等應盡快回復平常，穩守教育崗位，與年輕人共同面對當前現實，從困局中尋找可行的出口。

其中一個出路，就是從現實境況中尋找可供學習的地方。

指導學生尋找值得學習的內容，協助他們成長，這才是育人的意義；透過反思的過程交流感知、累積人生經驗，最後化為個人和整個教育界系統的智慧。

不一樣的學年仍有學習機會

這次時間接近半個學年的停課，是個實踐遙距教學的好機會。

學校從最初的擾攘慢慢摸索出較為系統化的操作，相信更多會是「各師各法」，即配合個別老師擅長的網絡教學法。過去超過十年的資訊技術教學的呼籲和教師培訓，今次全都挪出來應用。連個別起步較慢的資深老師，亦因此而一下子給提升起來。

至於受教者的中小學生，也經歷了前輩非要等到升讀大專後才有的隔空學習。如何由面授過渡到非接觸學習、沒有肢體語言的溝通而啟動大腦的學習程序、純粹接收訊息指令而自覺學習交功課，這些都是全新體驗，短期內卻一一實行。

當然成敗優劣總有定數，總算是邁出新一步；復課後不論老師或學生若仍可持續，就是新教學途徑。

其實受惠者還有家長。在家學習者的必然導師就是，同樣宅在家中工作的父母；這是他們當學生時尚未有的就學經驗，此際也得為了子女而學、增長知識。

教學策略和課堂設計也有需要作出變革；因遙距傳遞令教學內容包裝非改不可、因父母家長可能同場參與故要調適內容和傳遞方式、因考慮到學生獨自面對屏幕要加強考量專注時間的局限。

所以每一節網絡課堂，根本是教師學習的成果。

要參與重建學生的心理和認知

網絡教學的配置突顯了對於弱勢家庭子弟的不利，數碼隔閡一直都存在、也有很多論述，今次卻實實在在地呈現出不公平。即使短期內解決不了，疫後必須認真地整合重建，透過社會力量提供支援和補足措施。

過去半年的教學迫使學生投入網絡，教育界既然採用這個隱含大量陷阱的平台，必然有責任為孩子提供自保工具。近年因網絡犯罪移師學界，有關方面已在師長層面急謀對策，未來要加快落實到學生學習的高度。起底、虛擬欺凌、情色誘騙、金錢詐騙等無以名之的非法毒害就伏在每個孩子身旁，復課後德育培養和防罪工作也急於加把勁。

在這破碎學年初段，來自網絡世界的假新聞充斥在日常生活中，加強學童明辨是非能力的培養已是急切的補救建設。教育界更應自覺地檢視個別業內人士的專業操守。

相信坊間較多的討論是追落後、補課時，積極一點的會是把網絡教學經驗恒常化；然而自覺地分析在破碎學年內學生得到的「非尋常」的經歷才是至為重要，我們有責任協助重建他們的心理和認知。

2020年6月2日

作者簡介

周慧儀，《知識雜誌》和灼見名家教育專欄作家，「廣泛閱讀教育」專家，香港教育大學名譽專業顧問，學習友坊教育顧問中心創校校長（2014至今）。具學士、教育文憑、教育碩士學歷，主修翻譯及傳譯、中國語文及文化，香港中文大學教育碩士以「院長榮譽錄」畢業。秉承「學習有方，博思明志，愛群新民」的教育使命來服務社群，積極推動「閱讀與寫作、高效能自主學習和新世代全人教育」。曾任中小學教師、科主任和幼教講師，現任教育評議會執委，香港中文大學校友校長會成員，香港兒童基金會名譽顧問，師資培訓、家長教育和語文資優課程講師，以及國內城際和本港校際的閱讀、寫作、講故事比賽，並任深圳年度十大童書等評審和香港區代表。三本結集書《校長也上課》作者，教育文章刊登於《大公報》、《明報》、《經濟日報》、《教師中心傳真》和《教育現場》。

思考價值：疫情中的正向心智

新型冠狀病毒肺炎疫情由2019年12月開始，肆虐至今。在疫情爆發初期，全國的情況頗為嚴峻，疫情在香港社區蔓延的風險上升，這讓愈來愈多人陷入恐慌，全城一度掀起「口罩慌」，並加上網絡流傳「內地工廠停工」等謠言，香港市民曾瘋狂地搶購防疫物資、食物，甚至衛生紙，可見公眾的恐慌、煩躁和不信任等情緒持續發酵蔓延。

其次，許多香港市民對港府政策抱有懷疑，一是因政治紛爭尚未解除，香港社會仍然處於分裂而未能團結互助的狀態，甚至將公共衛生事件政治化，矛盾、憤怒和排他等消極反應依舊；二是因港府在應對疫情的反應速度上（如口罩供應、關口防疫安排等工作），大大落後於臨近澳門及內地城市，遲遲未能給市民滿意的解決方案，所以不滿、憂傷和失望等負面情緒亦相繼出現。

在疫情陰霾的籠罩中，我們如何才能夠更好地面對這場疫症災難？

面對困難 我們更需要正向心智

古今中外，聖賢智者的選擇總能反映出其仁愛與睿智：古代有公元前551-479我國萬世師表孔子，現代有美國正向心理學之父馬丁•沙利文博士，他們的生命見證了正向心智的力量！

因此，在這次嚴峻的疫症考驗中，就讓我們借用他們的名言學理來建起一座明亮燈塔，來引領迷途小船安全前航。

孔子與沙利文博士都提倡正向思維

孔子身處亂世，其仁政主張沒有施展空間，縱然他一生坎坷，但卻是中國歷史上的第一聖人——儒家思想始創人、中華文化集大成者。孔子有弟子三千，晚年修訂六經，其思想言行記在《論語》中，為後世提供了安身立命的原則，千古傳誦，位列世界最具影響力人物之首。

在疫情陰霾的籠罩中，我們更須保持正向心智，更好地面對這場疫症災難。（Shutterstock）

馬丁•沙利文博士是美國著名心理學家，一生從事習得無助感、抑鬱等研究，獲終身成就獎，其《個性力量和美德》一書為正向心理學的實際應用提供了理論框架，積極鼓勵人們運用專長和性格優點，去投身有意義的活動，令周遭的人或社區獲益，追求真正的快樂，影響全球。

孔子的仁義禮智勇信與沙利文博士的正向心理學皆指向積極的心態和正向的思維。正向心理學「6大美德（virtues），24項品德優勢（character strengths）」，則正好與我國孔子的至理名言互相輝映，兩者皆是鼓勵人們要自強不息，選擇從正向和光明來觀照人生，希望人們能活得豐盛幸福。

仁義禮智勇信是中國價值核心元素

沙利文博士的正向心理學有「智慧、勇氣、仁愛、正義、節制、靈性超越」6大美德範疇，而24項品德優勢分別是智慧中的「創造力、好奇心、喜愛學習、洞察力、思辨力」；勇氣中的「英勇、誠實、堅毅、生命力」；仁愛中的「仁慈、愛心、社交智慧」；正義中的「團隊精神、公正、領導力」；節制中的「寬宏、謙虛、自制、謹慎」；靈性超越中的「感恩、樂觀與希望、對美的欣賞、幽默感、靈性信念」。

孔子的「仁義禮智勇信」是中國價值體系中的核心元素。 他將「智仁勇」稱為「三達德」，又將「仁義禮」組成一個系統，仁以愛人為核心，義以尊賢為核心，禮就是對仁和義的具體規定。

孔子以仁為首，「據於德，依於仁」，教導人們：己所不欲，勿施於人；己欲立而立人，己欲達而達人；苟志於仁矣，無惡也。

在政治上，孔子主張仁政，強調「君子信而後勞其民」的領導力：為政以德；

尊五美：君子惠而不費，勞而不怨，欲而不貪，泰而不驕，威而不猛；屏四惡：虐、暴、賊、有司；道之以政，齊之以刑，民免而無恥，道之以德，齊之以禮，有恥且格；敬事而信，節用而愛人，使民以時。

至於為人者，鼓勵人們以追求成為君子為人生目的，即立志成為有勇、有智、有禮、有信的人。勇者，知其不可而為之；內省不疚，夫何憂何懼。智者，不惑、知人、利仁、樂水；知者動；知者樂；學而不思則罔，思而不學則殆；君子有九思。禮者，不怨天，不尤人；人不知而不慍；禮之用，和為貴。信者，主忠信；言忠信；信而後諫。

在浮世裏，我們如何善用先賢智慧？

在中西文化中，我們選出了當中的精華價值，尤其在這個特殊的庚子鼠年，為政者、為民者、為師者、為學者，我們更宜多反思：我們如何才能不用恐慌、煩躁、猜疑和憂傷？如何才可善用聖賢學者的智慧，幫助我們在困難中活出正向生活？

各人盡己心力的貢獻、彼此真誠互信的溝通力、堅毅果敢的抗逆力、智勇雙全的解難力和願改善未來的創造力，理應能令人類活得更有尊嚴、自信、仁愛和智慧。大家常以感恩之心，懷着樂觀與希望，齊「志於學，志於仁，志於道」吧！

庚子鼠年的祝願

一日時辰子為首，子夜無聲鼠報喜。

最後，筆者謹祝各位讀者朋友：順時應變，行動迅速！

子鼠開天，十二生肖鼠佔頭！

筆者再衷心祝願大家：敢為人先，勇闖新天！家庭幸福，生活美滿！

2020年2月13日

以廣泛閱讀教育培育下一代的素質美德

最近一年多，因疫情關係，筆者改在網絡上主持中小學的閱讀教育親子講座和學生講座，與老師、家長和學生分享「廣泛閱讀教育的成功因素」，數據顯示相關的講座對營造校園閱讀文化和促進學生自主閱讀帶來顯著果效。

當中，筆者以自創的「廣泛閱讀教育口訣」 READING JOY 為綱領，與家長朋友和中小學生一同分享「閱讀的喜悅滿足」，之後再提出一些親子閱讀技巧和推介書目，以及教導學生一些自主閱讀的心法和具體策略。

從傳統閱讀發展至創新閱讀

READING JOY閱讀的喜悅滿足

R：閱讀好處非常多，立志成為好 **Reader**！

E：書中故事齊體會，喜怒哀樂 **Emotion**！

A：讀書看報閱圖文，日常生活有 **Action**！

D：透過書籍作中介，師生親子 **Discussion**！

I：偉大思想從小起，全力激發 **Ideas**！

N：多元智能多喜閱，發掘自己的 **Nature**！

G：讀書愛書是福份，齊來分享這 **Glory**！

J：實體書或電子書，跨越時地的 **Journey**！

O：德智體群美善靈，身心暢泳書 **Ocean**！

Y：書中破殼尋自我，發現內在豐盛 **York**！

廣泛閱讀的意義是什麼？正正是讓讀者可從READING中找到JOY，讓人愛上閱讀，讓人成為讀者，再讓讀者漸漸成為身心靈健康快樂、生活幸福豐盛的愛書人！

筆者作為廣泛閱讀教育推廣人，關心的是：如何透過廣泛閱讀教育來促進人的成長？

廣泛閱讀教育

廣泛閱讀是什麼？「廣泛」指「博」，「閱讀」指讀書，「廣泛閱讀」意指「博覽群書」，即以廣泛閱覽古今中外讀本來作廣泛學習。當人有廣泛閱讀習慣，其閱讀的範圍已超出學校課本或工作上的專業書籍，涉及文學、歷史、哲學、教育、經濟等社會學科書籍，以及數理、工程、天文等科學書籍。在分類上，廣泛閱讀可用年齡組別和難度級數來作分級讀本分類，又可根據小說及非小說類來分類，更可以各式各樣的主題或類型作分類（如浪漫、偵探、戲劇、驚悚等）。

廣泛閱讀有多重要？廣泛閱讀有利語言發展，亦有益心智成長。如讀者所選讀的是經典好書或當代重要著作，那些好書更會引領讀者在有限的生命經驗中，穿梭於多元世界，讓讀者發現並發展其獨特的氣質和真誠的自我。長大一點後，讀者明白自己更多時，進一步可從自身的世界走進更廣大的天地，古今中外的學問領域，東西南北各地各方的見聞，人文與科技的淵博世界，又或宗教的至真至善至美之境，總之，在浩瀚無垠的書海中，人從廣泛閱讀中可以無拘無束地開展其心智和想像自由！

素質教育

素質教育是什麼？素質教育是依據人的發展和社會發展的需要，全面提高學生的基本素質，培育學生身心靈德智體群美各方面成長的教育，即素質教育重視人的身心靈健康，心智、品格和體群美的全面發展。

素質教育有何重要？培育學生發展素養並建立素質是教育的核心工作，因為人一生的果效都由人的性情開始。性，性格、稟性；情，思想情感。為父母者，為師者，對於孩子和學生的性格、習性與思想情感究竟了解多少？我們培育教導的是活潑而持續發展的人啊！

兒童和青少年在成長中會持續發展其性情特質，成年後，人本身具備的素養會逐漸隨着人生閱歷而變為更成熟的素質。素質，又可以稱之為個性力量，因為良好的素質，可讓人到達至善之境。參考馬丁•沙利文博士的《個性力量和美德》一書，即節制（自制、謹慎、謙虛、寬宏），仁愛（愛心、仁慈、社交智慧），勇氣（誠實、英勇、堅毅、生命力），智慧（好奇心、好學、判斷力、創造力、洞察力），公義（公正、團隊精神、領導力），以及靈性超越（感恩、樂觀與希望、欣賞美、幽默感、靈性信念）。這些素質決定着人生成功與幸福。

由此可見，廣泛閱讀教育豐富人生經驗，素質教育則培育個性力量和美德，而兩者的共同之處是皆可優化人生，讓人感到幸福快樂。

廣泛閱讀中素質教育的好書推介

2021年，新一年，新開始，萬象來個蛻變更生吧！我們可從哪兒開始？從人的心智素質開始吧！如何開始？可由廣泛閱讀一些素質教育的好書開始！

參考聯合國教科文組織（UNESCO）提出終身學習的五大支柱：學會共處、學會求知、學會做事、學會做人、學會改變。筆者建議在廣泛閱讀中有關素質教育的推廣上，可根據這五個向度來選出高素質的書籍來細閱，並配上創新閱讀「READING JOY閱讀的喜悅滿足」這教學實踐來作互動融和，不斷開展和深化。

UNESCO提出的終身學習五大支柱：

- 學會共處（Learning To Live Together）
- 學會求知（Learning To Know）
- 學會做事（Learning To Do）
- 學會做人（Learning To Be）
- 學會改變（Learning To Change）

閱讀好書，為自己、為孩子、為學生，精選一些適合他們的禮物，十本好書重點推介：

學會共處（Learning To Live Together）

1）《弟弟的世界》

2）《天長地久：給美君的信》

學會求知（Learning To Know）

3）《地球之書》

4）《2100科技大未來》

學會做事（Learning To Do）

5）《與成功有約（兒童繪本版）》

6）《與成功有約：高效能人士的七個習慣》

學會做人（Learning To Be）

7）《牧羊少年奇幻之旅》

8）《霍韜晦講論語》

學會改變（Learning To Change）

9）《喬琪•巴迪爾的真實故事——水公主》

10）《21世紀的21堂課》

最後，筆者謹祝各位讀者朋友身心靈健康、快樂、平安，齊享創新閱讀的READING JOY！

建議的延伸閱讀文章和參考網頁：
https://www.master-insight.com/自主學習的三大成功因素/
https://www.master-insight.com/思考價值：疫情中的正向心智/
https://erfoundation.org

2020年1月13日

作者簡介

翁美茵，現為中華基督教會何福堂小學校長，1997年投身教育界，於2015-2019年擔任中華基督教會基法小學校長。畢業於香港中文大學教育學院，完成教育學士及教育碩士課程（主修課程與教學），亦於建道神學院修畢神學文憑課程。曾任小學課程主任十年，並於台灣及本港分享整體課程規劃、資優教育、德育課程規劃及電子教學等。過往多年曾應邀參與課程改革評估關注小組及教師持續專業發展會議，近年多關注及分享家長教育。自2016年起加入教育評議會。

停課是建立親情好時機

停課接近3個月了，不少父母都反映家庭關係出現了一些緊張的情況。假如父母仍然可以如常上班，這確是感恩、可喜。可是父母的心底裏卻會常常記掛着天天在家中的孩子。假如父母在此段時期因着各種不同的原因而可以與孩子們一同常常待在家裏，這究竟會是建立親子關係？還是令親子關係變得惡化呢？

不論情況如何，在疫情嚴峻下，與家人相處的時間總是會比過往的多，各人的耐性與情緒也自然展露無遺。就讓我分享一下在這疫情下如何幫助孩子建立他們的習慣與價值觀：

一、重新訂定作息時間表

雖然不是上學天，但我也堅持孩子在上午是需要有固定的起床時間。往常，孩子大多需要早上6、7時起床預備上學，在停課時期，孩子的習慣會否變得放任呢？

筆者建議，無論情況如何，固定的起床時間與睡覺時間都是重要的。我們要趁着這個好時機幫助孩子建立早睡早起的習慣。在早起之前，必須先建立早睡。不少的資料顯示，6-12歲的孩子每天睡眠時間都應該是在9-12小時的範圍之內。假設孩子晚上9時半入睡，讓他自然睡醒也應該在早上7至9時左右。家長們，你們有幫助孩子建立早睡的習慣嗎？若然未，不要以其他原因為孩子解釋未能入睡，我們要盡可能提供一個安靜的環境，幫助他們建立一個良好的習慣。

二、訂下可實行的時間表

停課期間全港學校都有一個共識，就是讓學生「停課不停學」。因此，學校普遍上都會提供學習教材。不論家長是否有需要上班，都應該為孩子訂下一個規律的時間表。孩子從中要學好自律的習慣。在這個建立自律的過程中，家長必須提供輔助。我們明白每個孩子都不一樣，有的可能很容易就踏上了自律的軌道，有的可能需要父母給予較大的幫忙和鼓勵才可以達成自律的習慣。或許這是會有困難的，但幫助他們建立良好的習慣就是我們身為父母的天職。

在這幾個月期間，筆者也曾分享過數個建議例子，現在也再稍作詳細分享其中一個，讓大家彼此參詳：

首先，要建立孩子每天晚上必須9至10時上床睡覺的習慣，不論能否即時入睡，也需要安排，培養習慣。在翌日的早上，大約7至9時就要起床。若早於7時已睡醒的，就要在床上安靜，不騷擾其他家人。而每天最遲也需要在9時起床刷牙、洗臉及吃簡便早點。每天10時開始做功課及溫習，每

讓孩子們看見在疫情中，父母如何以正向的價值觀面對，如何盡己任完成工作。（Shutterstock）

天約1-1.5小時。完成家課後，才可以有自由時間。約於下午1時前執拾好自由時間所用過的物品，要保持家居整齊。在下午1時，開始午膳，可看看新聞節目。大約2時，又回到自由時間。每天約3時半至4時開始可以看看電視卡通節目。5時半安排洗澡，6時半開始晚膳。晚上要負責幫忙執拾碗筷、摺疊衣服及收妥衣服入櫃內，最後9時前開始準備上床睡覺。

這個例子，可以讓孩子星期一至五進行，讓他們過着規律的生活，學習做好家務，盡家庭責任。至於星期六和日，就讓家長自由彈性安排。

以上方法，實際可行嗎？筆者只能回答你，這是可行的，因就在我家實行了兩個多月了。

曾有朋友追問，自由時間可以做些什麼？我的答案就是很簡單，讓孩子畫圖畫、看金魚、種植物、看圖書和做簡單運動等，若懂音樂的，就可練琴、吹笛。這些都是孩子們自己安排的。既然是「自由時間」，家長就不多管制他的選擇了。至於使用電子產品，除了做功課需作學習用途之外，我並沒有給予電子產品讓孩子自由使用，為何？第一，由於我需要在家辦公，因此我未有足夠的時間能有效監管他們的使用。第二，更重要的是我有一個信念，在未建立好閱讀習慣之前，不可陶醉於電子遊戲中。（備註：假如你已是一個有閱讀習慣的人，你已能享受閱讀的樂趣，你就會明白當有良好的閱讀習慣後，這習慣就能「抗衡」沉迷電子遊戲了。）

三、從家人身上學習責任感，適時傳遞價值教育

疫情期間，筆者也有不少時間實行「在家辦公」。記得有一天，孩子向我問：「為何妳每天總是有工作做？常常要跟同事通電話？」我一句簡單的回答，因為我有我的責任。

雖然這只是一個簡單的回答，但我也想我的子女明白每一個人也有自己的責任，因此我們就必須要盡力履行相關的工作或任務。還記得當時，我加以補充了一句，説：「就正如你是學生，你也有你需要在家努力完成老師給你學習的課業。」

大家明白嗎？家庭教育，其實就是價值教育的傳遞。孩子每天都將父母看在眼裏，我的一言一行都是他們的身教。停課期間，我沒有很多的時間在家教導孩子，因為當他們進行學校課業的時候，我也正正需要處理工作。我能幫助他們

的，不是知識，而是讓他們看見我的工作態度，以身教建立他們的價值觀。

停課期間，親子模式變得與過往不一樣。昔日，親子可能是玩樂、閒聊、陪伴他們出入一些學習活動……，現在的親子正是一個有充足時間陪伴的考驗，是價值傳遞的大好時機。讓他們看見在這疫情中，父母如何以正向的價值觀面對，如何盡己任完成工作，如何於假期間多留在家中與全港一同抗疫，盡社會的責任。透過一個小小的我，與大家共同努力去成就抗疫的大事。

2020年4月14日

停課與復課：一個教育的好時機

新型冠狀病毒病令身處香港的你和我經歷了一個不容易的適應與改變。一直以來，活在香港的我們，在世界上讓人都感到是堅毅和適應力強的，這一趟再次讓我們活出這些特質。

四周的環境不斷出現新的變化，同時又產生新的問題，我們要迎難而上面對新的挑戰。在疫情下不少朋友的家人生病住在醫院，不能探訪；家人待業失去經濟之柱，心感徬徨；子女在家不能上學，擔憂學習；停課停工常在家中，考驗相處。疫症衝擊多月，雖然現時似有緩和跡象，可是切勿掉以輕心，因為情況可以急劇改變，隨時再次面臨下一波疫情，究竟我們應該如何教育孩子準備迎接不能掌握的挑戰？

律己重建責任感

其實在日常生活中，我們需要實行良好的健康習慣。當中包括保持個人衛生、維持生活常規和保持樂觀的心情。自小從幼稚園開始，都是經常提醒孩子們需要維持良好的衛生習慣。經過今次疫情，全港都高度關注衛生意識，藉此我們可以重新建立良好的個人衛生習慣。在保持家居清潔方面，我們更可以透過家庭生活培育孩子分擔家務，重建每個人對「家」的責任感。

在律己方面，亦可以再次教導孩子恆常運動習慣和健康飲食的重要性，以保持身體健康。在今次疫情中，不少孩子都是天天留在家裏，他們不能外出舒展身心，相信大家都體會到可以做運動的可貴。疫情過後我們可以重新培養及安排孩子的運動習慣，讓他們透過是次學會珍惜。

實踐關愛

在疫情期間，人與人彷彿築起了一道厚牆。大家想會面，卻難以相見。在現時仍未完全解除禁聚令時，我們可以讓孩子多透過電話以「説話」直接向人問安，亦可在此時透過一些現代較少使用的方法作出關心。例如製作心意卡送給親友、醫護人員、清潔工人或為我們服務的管理員，為他們打打氣，感謝他們對抗疫的貢獻。

現時資訊科技發達，人與人的溝通很多時候使用了傳送訊息的軟件（例如：WhatsApp），在這段時期，我們也可再次以真摯的關懷，透過聲音、動筆繪畫及加上文字讓別人感受到這一份特別的濃情。

培養資訊素養能力

疫情期間，我們主要都是透過互聯網及電子媒體取得不同資訊，當中有的是真、有的是假。若我們接收到來歷不明的資訊而加以轉發，這舉動很可能造成不必要的誤會。因此，在疫情之下，家長需要多留意子女使用網絡的情況。在停課期間，學校普遍都會使用電子教學或網上學習讓學生實踐停課不停學。這也意味着子女使用網絡接收資訊的機會大增。父母可以把握這個機會主動與子女訂定及建立使用電腦的習慣。時間許可時，更可以

過往學生們不少渴望放假，但是次疫情卻期望復課。（Shutterstock）

一同分析資訊的內容，讓他們明白有些資訊可能存在不實或偏頗，以避免傳播或散播不實的訊息。

正如上文所言，有責任感的態度是包括傳遞正確的資訊，因此子女如何分析資訊和使用資訊就是重要的素養。既然子女是因着學習而需要使用資訊科技及互聯網，父母就可以把握時機，讓他們明白即使在互聯網這個虛擬的世界下，我們也是需要為着個人的言行負責，以免成為錯誤資訊的傳播者。

接受「變」珍惜當下

處變不驚、應變能力、適應能力⋯⋯這都是在疫情中對不少人的體驗。成長於這個世代，我們大多數都處於安逸的社會中。記得上一代的長輩一切都來得不易，因此這一代的我們，可以在成長中有教育的機會，可以不愁吃喝。在疫情出現時，一切理所當然的頓時變得無可掌控，全港學童在開始放農曆年假之時，怎也猜不到竟然到了6月才可以再上學，更想不到上街吃個飯也受限制。過往學生們不少渴望放假，但是次疫情卻期望復課。原來可以與朋友相聚用膳亦並非必然，原來可以與家人團聚交誼也不是一定可以。這次疫情確實是寶貴的一課。一切並非必然，事物都可以在變，活着重要的就是珍惜當下，正如《聖經》裏的一句話「凡你手所當做的事，要盡力去做。」（傳道書9：10）

總結

疫情至今已有四個多月，雖然暫時可見情況緩和，可是往後如何仍不能過早定奪。無論如何，抱持正向態度，把握每次經歷都是一個學習的機會，往前看，並珍惜現在所擁有的就是我們可讓孩子學習的態度。願是次眾人所付出的，能成為香港另一股動力，讓香港再次重拾正軌。

2020年6月18日

作者簡介

鄧兆鴻，退休小學校長。香港中文大學教育學士、碩士。1971年入職，1985年任校長至2005年退休。香港中文大學、香港浸會大學、香港教育大學兼任講師，教授課程包括：學校行政、課程發展及管理、擬任校長培訓課程、中層管理人員行政課程、訓導及輔導人員培訓課程等。研究興趣包括教師教育、學校行政及發展、學生輔導工作、素質保證等。教育評議會創會會員、執行委員；香港初等教育研究學會創會主席。曾任香港教育研究學會周年研討會籌備委員會委員、香港教育行政學會執行委員、香港資助小學校長會理事兼教育政策委員會主任、教育人員專業操守議會第五，六屆委員等。退休後頗沉迷於中國文化藝術活動。

弘道養正

在教育界服務數十年，經常反思教育的目的是什麼，學校教育應培養青少年人成為一個怎樣的人？初當教師時，總是要求學生上課留心、依時交功課、與同學和平共處、要做一個有用的人。但什麼是有用的人，卻沒有為學生訂下什麼明確的定義。

上課留心、依時交功課只是當教師的對學校工作的基本交待，學生有多少真能上課時時留心，常是一個疑問；學生的功課交了、改了，是對是錯、學生是否真的能融會貫通又是一個疑問，能在他生涯中運用的有多少，也未能實證。同學間的和平相處是較容易看到結果的，半世紀前的學生，至今仍常見面，學生的子女也已成長，讀大學的、出來社會工作的也多。學生中能成才、領導一方的，不會經常與你聯絡；反而是成績平平、能找到一份理想工作、不憂生活的，年中多會找機會與你相聚，一談在學時的往事。

教育的目標

教育統籌委員會1999年《教育制度檢討：教育目標》的諮詢文件第二章2.9節建議教育制度發展的方向首項應為「以人為本，使每個學生能有全面而具個性的發展」，但社會的發展逼迫着教育制度，周遭強鄰的影響，使香港教育走上不斷競爭的單程路。同章2.4節「要面向世界，青年人必須有不斷探索的精神，充分利用資訊科技，掌握各方面的知識，不斷學習，不斷進步。為了提高競爭力，香港要轉向高增值、以科技為本的生產和服務模式，我們需要有創造力、應變力，以及具多方面知識和才能的人才。」青少年面對瞬息萬變的世界，精力都放在不斷的探索上，幼兒的童真、少年的好奇、青年的夢想都要放下，在成年人的期望中，為爭入名校、為大學學位而捨棄應有的歡樂時光。

要配合社會發展的速度，課程推行永遠趕不上社會的轉變。一項成熟的課程，需要審慎的策劃、精確的教材搜集、循序漸進的教學安排、還要有適當的教師培訓，課程推出才能配合不同年級學生的實際需要。但課程推行效果是否真如設計者的期望，能對教育、對青少年、對社會、有正面的影響，仍需要時間的核證。香港推出通識教育給我們一個很清晰的景象。

為己、為人

《論語•憲問篇》中，孔夫子慨嘆「古之學者為己，今之學者為人」，讀書學習是要充實自己，古人如是，今人亦如是，古人的為己是修養，今人的為己是謀生。《顏之推家訓•勉學》中有「古之學者為己，以補不足也；今之學者為人，但能說之也，古之學者為人，行道以利世也；今之學者為己，脩身以求進也。夫學者猶種樹也，春玩其華，秋登其實；講論文章，春華也，脩身利行，秋實也。」為己、為人，看今時今日的世界發展，不能非議，個人學有所成，為社會所認同，貢獻社會、造福人群，當受人稱頌；學有所成者，未能聞達於社區，個人不求名利，隱於市，也能樂在其中；重要的是所學、所好是個人的個性發展所在，能給他無盡的樂趣，便能一生受用，從古至今，這樣寂寂無聞的人士不知有多少了。

弘道養正

中國人崇尚天人合一，天是道，是真理，是法則，是大自然，是四時變化，是日出日落，是生老病死。儒家的道、佛家的道、道家的道、基督教的道、穆斯林的道都是導人向善，教人敬天（也是神、佛、聖人⋯⋯）、愛人。是以教育的重點應在「道」之上，在正道之上。正，「以一止之」，不偏不倚、無誤、中正、典範、合理。是以教育應要「弘道養正」，作長輩的、當領導人的也應弘道養正。

教育的最終受惠者是孩子，日本教育家池田大作曾說：「教育本不單是學校的責任，應該是全社會一齊肩負的重大使命。如今，我們有必要重返教育的根本起點，即為了孩子們的幸福，反省社會的應有姿態和自己的生活方式。」為了孩子們的幸福，教育工作者要加倍努力。

教育評議會自1994年創會至今已有四分之一世紀，我們熱心教育工作、緊守教育崗位、關注教育事務，多年來努力不懈，對香港教育的發展既評亦議，貫徹了「弘道養正」的精神。今年的國際研討會以「人文精神與科學創新教育」為題，探討人文精神與科技創新的結合，期望能為香港教育帶來新的視野。

2020年11月4日

「校長」的專業能力

教育是移風易俗、給人變化的事工，哲學家雅斯貝爾斯在《什麼是教育》中指出：「教育的本質意味着：一棵樹搖動一棵樹，一朵雲推動一朵雲，一個靈魂喚醒一個靈魂。」父母是子女的第一位教師，也許還是子女的終身教師。所以有人説「教育的本質是父母的修行」。

孟子性善與荀子的性惡歷來議論紛紛，不一而足。王充《論衡•本性》主張對善者施以引導勸勉，對惡者加以輔導禁止，藉大環境增益人之向善，改變人性之惡，融合了孟、荀的教育主張，善者也會行惡，惡者亦有向善之路，肯定了教育的功能，足以變化人的性情。人性不論本應如何，但在現今瞬息萬變的社會中，明顯地知道人的稟性與習性各有不同，同一屋簷下長大的孩子各有特性，父母也不能容易改變他們的孩子。古人多有家訓，從小教導，兒孫們自小學習，終身恪守，但今天的小家庭，已再沒有這種教養了。

教師專業素養與能力

教師是落實教育的工作者，香港教育對教師有一定的期望，2003年師訓與師資諮詢委員會（ACTEQ）發表了教師專業能力理念架構，2004年時任主席程介明教授在年度報告中指出，教師的專業素養包括：學術學位的有學科知識、自學能力與基本素質；專業資格的包括教學專業知識、學生成長認知與變革能力；專業見習的有專業態度道德及人際交往能力；並要有持續學習創新的專業持續發展。[1]

那個時候，小學教師們都忙着報讀學士學位、語文基準考試、專科專教的要求，以切合未來教育工作的要求。筆者當時任職的學校有教師清楚向我表示：不會作學位或基準的進修準備，並表示會在教統局（當時負責教育是教

校長也是教師的一分子，更應作教師的榜樣。（Shutterstock）

育及人力統籌局）限期後離開教育工作。教師的工作量大，面對不斷的教育改革，很多都出現疲態，將屆退休年齡的，便會提早離任，跳出熱窩。

當中能應付專業知識要求的，都經過了多年的苦讀，中間有多少教師會注意到教師專業態度道德（professional attitudes and values）與人際交往能力（capacity of social interactions）的要求，筆者記憶中，當局及師資培訓機構均沒有提供相關的課程或工作坊，師訓會當年對教師的專業道德要求，也就不了了之，理念架構也再沒提起。

在2003年師訓會發表的《學習的專業 專業的學習：教師專業能力理念架構及教師持續專業發展》附錄四「教師專業能力理念架構」總覽中提出教師應有6個基本價值：堅信學生、人人能學；克盡本職、獻身教育；弘揚師德、關愛學生；團隊協作、樂於分享；尊重差異、多元取向；持續學習、追求卓越。以這6個基本價值推動4個專業範疇：

1. 教與學範疇：包括學科內容知識；課程及教學內容知識；教學策略、技巧、媒體、語言；評核及評估。
2. 學生發展範疇：包括學生在校的不同需要；與學生建立互關係；學生關顧；學生多元的學習經歷。

3. 學校發展範疇：包括學校願景、使命、文化及校風；校政、程序及措施；家庭與學校協作；回應社會變革。

4. 專業群體關係及服務範疇：包括校內協作關係；教師專業發展；教育政策的參與；與教育有關的社區服務及志願工作。

教師發展與學校管治

2006年香港初等教育研究學會一份《小學校長看教師專業發展》研究報告中指出，在回應問卷的小學校長（88份有效回應）中，有98%以上的人認為：「教師在職培訓內容應包括有效管理變革」及「教師在職培訓內容應包括團隊協作與領導團隊」，97.8%的校長要求「教師在職培訓內容應包括遵守專業操守」[2]。2015年香港初等教育研究學會、香港小學教育領導學會、津貼小學議會和香港資助小學校長會等四會進行了「小學校長面對的挑戰」的研究，訪問了校長（164份回應）、副校長（154份回應）及資深主任（160份回應），報告指出「管理不稱職教師」是校長面對的最大挑戰（校長84.1%，副校長74.7%、資深主任73.1%認同）[3]。

教師個人的成長與學校發展的需要是否能脗合，教育工作者間的相互關係是否融洽都帶來學校管治的危機，日前死因裁判官裁定教師死於自殺，並指出事情本可避免，奈何各人有不同的位份與取態，同工間少了教育專業態度與道德，也未能提升人際交往的能力，過份堅持，少了同舟共濟、互相包容的精神，以致一發不可收拾。作為領導者要能高關懷，再能高倡導，工作才會順利。

老子《道德經》十七章：「太上，下知有之；其次，親而譽之；其次，畏之；其次，侮之。信不足，焉有不信焉。」校長也是教師的一分子，更應作教師的榜樣。信不足，校長有責。

注釋：

1. EC Annual Report, December 11/ 2004.
2. http://www.hkpera.org/forum/viewthread.php?tid=28&extra=page%3D1
3. 胡少偉、張勇邦、林碧珠、馮文正（2016）。〈香港小學校長的培訓需要及專業學習〉，《香港教師中心學報》第15卷，香港教師中心。

中華歷史文化獎勵基金
CHINESE HISTORY AND CULTURE ENHANCEMENT FUND

本會為一非牟利組織，並為政府免稅慈善團體，以涵養香港情懷、培養國家觀念、開拓國際視野為目標，向香港學生及青少年推廣中國歷史與文化；亦鼓勵香港學校對推動中國歷史與文化所作出的貢獻。以下為本會主要資助項目：

出版

國史培育

明日棟樑：青少年國史教育計劃

考察

絲路明珠：中亞烏茲別克歷史文化探索之旅

戊戌120周年之北京·天津行

雙城考察：北京及巴黎之旅

歡迎瀏覽我們的網站：www.chcef.com

作者簡介

楊佩珊，教育博士（教育管理）、香港大學理學士（數學），香港城市大學計算機科學碩士。早年主要執教電腦及數學科，並推動資訊科技發展及升學就業輔導等工作。現為仁濟醫院羅陳楚思中學校長。曾任知識產權處學習軟件管理委員及製作委員，聯校資訊科技學會司庫、教育局課程發展處中學電腦科教科書評審委員、優質教育基金計劃評審員、初中數學多元練習作者、《香港中學會考資訊科技科教材套件》及中學電腦科教科書作者。現為教育大學學校領導課程及擬任校長課程導師、學校領導課程同學會執委、教育評議會執委、優質教育基金計劃推廣及宣傳委員會委員。

定向——失向——重新定向

筆者最近閱讀了一本書《詩篇靈修學》，當中提出了一個理念「定向──失向──重新定向」。這三疊架構不單可以套用在詩篇及信仰上，筆者更嘗試將它套用在我們的生活上。

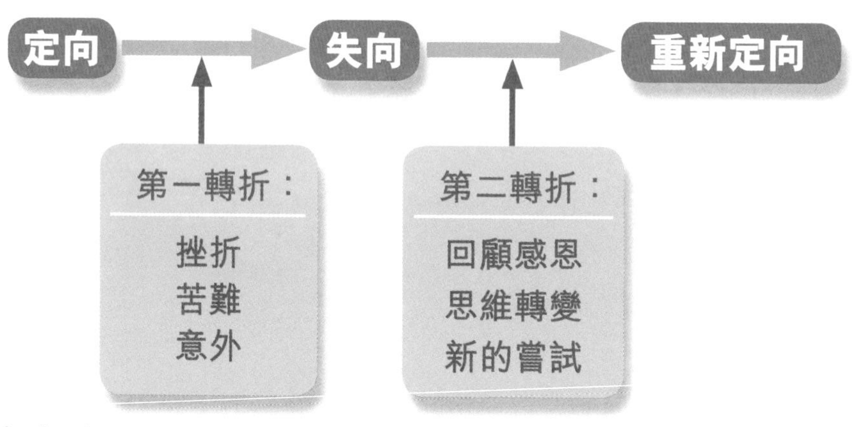

定向（Orientation）

定向的生活存在着安穩、滿足、信心、希望、寧靜等各樣正面且帶肯定的狀態。在定向的生活時，人的情緒處於穩定及喜悅的狀態，眼光也容易從自身擴展到周遭，會多關心及幫助別人，説話中充滿對人與事的讚賞與感恩。但長期處於定向的生活時，人會留於在自己的安舒區，容易處於一切都是理想當然的思維中，因此欠缺對生命的反思及改變。

我們以往預設了在校園及課室中的學與教，在學與教的策略上都處於安舒區。當定向的生活時遇上轉折，就會由定向轉到失向的狀態。1月時疫情突襲，大家都頓時進入失向的狀態。

失向（Disorientation）

在失向的狀態時，人的情緒會變得不安及憂慮，再轉化為埋怨與憤怒，人會容易發出怨言及咒罵的聲音。長期處於失向的生活時，人對周遭的人與事物容易失去信心，並失去從前在定向生活中的包容及感恩。這些負面情緒及思維容易破壞人際關係及彼此間的互信，使人困在失向的狀態。在疫情時，處於失向狀態的人會埋怨疫情為什麼會存在、埋怨抗疫措施不足、憂心沒有上課上班的機會，並因為各樣的困境而發出怨言及謾罵。人開始只集中在自己的想法和感受，眼睛的焦點都收窄到白紙上的小黑點，忘了在定向時發所出的讚美及感恩。

當你處於挫折或困難時，你會選擇讓自己困於失向生活中的不安與困苦，還是嘗試尋找第二次轉折的機會，讓自己重新定向？

重新定向（Re-orientation）

重新定向不是要將狀況轉回至原來的定向生活，而是透過回顧感恩、思維轉變、新的嘗試，將生命進化為更高的層次，這就是一個蛻變。若只是回到原來的定向生活，那在失向時所面對的困苦就失去價值，沒有蛻變及進步，我們可能會在定向與失向之間不斷輪迴。我們不能改變外圍的事情，但我們可以改變我們對事情的心態。我們選擇埋怨，還是嘗試在失向中懷感恩的心，並將之化為動力，轉變自己的思維，去接納新的嘗試及開始。

新學年即將開展，今年是不一樣的一個學年，我們從「停課不停學」的狀態進入了一個新的學習世代及常態。相比沙士年代，今天科技發達，讓我們衝破了很多障礙，雖然沒有了實體課堂，但我們可以有實時課堂。與其在這個新常態中憂心學習比實體失色，不如感恩大家有此學習的平台。嘗試轉變思維，把它看成學與教範式轉向的機遇。同學們趁此機會好好鍛鍊自己的自學、自理及自律能力，努力嘗試把握學習的主動權。同學的主動不單能產生自信，也能增加老師對你的信任。老師們也要在此機遇中透過教學的範式轉向，好好誘發同學的潛在能力，幫助同學由被動學習轉化為自主學習，建立學習自信。

在這失向的時候你會選擇停留在失向的困局？還是努力走回昔日的定向生活？抑或是勇敢面對困局，懷着感恩的心重新定向？（Shutterstock）

筆者相信在疫情過後，整個社會及世界都會有很大的改變，我們不會回到昔日的定向，但我們會進化到新的定向世界。新的學習生態會更趨以學生為中心，老師的角色更趨向為學習提倡者。科技生活將會冒起，社會將會由從前的機會尋找者主導，轉為由能將知識整合並轉化的機會創造者來主導。在這失向的時候你會選擇停留在失向的困局？還是努力走回昔日的定向生活？抑或是勇敢面對困局，懷着感恩的心重新定向？

最後祝老師順利帶領同學重新定向，莘莘學子新學年蛻變進步！

2020年8月31日

灼見名家周年論壇暨六周年慶典
後疫情時代世界新秩序

2020年11月20日

灼見名家六周年論壇——後疫情時代世界新秩序開幕禮（灼見名家圖片）

灼見名家

MASTER-INSIGHT.COM

灼見名家傳媒簡介

灼見名家傳媒由資深新聞工作者文灼非於2013年底創辦。他有超過30年的新聞經驗，曾任職《信報財經新聞》及《信報財經月刊》20年，一直追求最優質的媒體內容。

灼見名家傳媒為一家多媒體公司，於2014年10月正式啟動，標榜獨立、中肯、理性，走深度分析、評論路線，廣邀超過300位大中華、海外權威學者及專家撰稿，具國際視野。另外，編輯部定期策劃獨家專訪及整理名家精彩演講，涵蓋經濟、政局、文化、教育、投資、健康等範疇，為讀者提供不一樣的深度內容和獨到觀點。

灼見名家傳媒於2014年10月22日開幕舉辦十大校長論壇，邀請本港十間高校校長擔任演講嘉賓：郭位校長、何順文校長、陳新滋校長、鄭國漢校長、沈祖堯校長、張仁良校長、唐偉章校長、陳繁昌校長、黃玉山校長、馬斐森校長，盛況空前，成為全城熱話。

2015至2020年舉辦六次周年論壇，邀請了多位政、學、商、研等界別的重量級演講嘉賓，包括行政長官林鄭月娥女士、財政司司長陳茂波先生、前政務司司長張建宗先生、二位前財政司司長曾俊華先生及梁錦松先生、教育局局長楊潤雄先生、商務及經濟發展局局長邱騰華先生、公務員事務局局長聶德權先生、創新及科技局局長薛永恒先生、運輸及房屋局前局長張炳良教授、騰訊聯合創辦人陳一丹先生、立法會前主席曾鈺成先生、行政會議成員及立法會議員葉劉淑儀、史丹福大學傑出專家陳明銶教授等，成為中港媒體廣泛報道的盛事。2018年2月舉辦投資論壇、2019年2月舉辦首屆財經峰會、2020年1月舉辦第二屆財經峰會、2021年5月舉辦第三屆財經峰會。

本社編輯優質書刊，與教育相關的包括開幕日出版《香港高等教育何去何從—十大校長訪談錄》特刊（非賣品）；2015年4月與教育評議會合作出版的《教育心宴》及2015年12月出版《校長也上課》；2016年12月出版《教育同心行》；2018年4月出版《教育同心徑》；2019年出版《教育同心橋》；2020年出版《教育同心牽》；2021年出版《教育，花開不落》。

灼見名家YouTube頻道的訂戶人數近兩年節節上升，截至2021年8月已突破25萬，影響力與日俱增。本社亦為客戶製作視頻，包括《華懋60周年》特輯，及為香港教育大學中國語言學系成立10周年攝製視頻。

灼見名家教室於2017至2018年間，分別與親子王國、經濟通及Oh!爸媽合辦多場教育講座，邀得多位資深校長及校監擔任演講嘉賓，包括有陳家偉校長、黃桂玲校長、馮鄭惠儀副校監、陳曾建樂總校長、林浣心校長、曹希銓校長、陳梁淑貞校長、朱子穎校長、劉靳麗娟校長、張堅庭導演、鄭慕智博士和楊清校長等，講座的題材及內容豐富，深受家長及教職人士歡迎，反應熱烈。

由灼見名家傳媒主辦、語文教育及研究常務委員會支持的腹有詩書——全港小學校際中國語文常識問答比賽2021年2月至5月舉行，有54間小學派出小四至小六學生參賽，合共舉行了28場比賽，英華小學在各輪比賽過關斬將，最終勇奪冠軍。這項比賽在學界掀起極大迴響，備受學生、老師及家長歡迎。

歡迎各界垂詢本社業務範圍。

作者簡介

邱國光，英國布理斯托大學博士，主修教育行政及語言教育。現為仨文教育首席顧問，積極推廣Glocal Education（本土全球教育），致力培育具本土情懷、國家觀念、全球視野的世界公民。亦為國史教育中心（香港）行政總監、中華歷史文化獎勵基金總幹事、同心教育基金會（香港）學術顧問、灼見名家專欄作家及香港東坡詩社副會長。研究興趣包括教育政策及管理、香港教育史、語言規劃、英語教學等。最近著作及編著作品包括：《三盞青燈：香港•北京•巴黎》、《香港青年政策何去何從》、《人間天堂──毛里求斯服務研習之旅》、《風采心•情•志──風采十五周年的故事》、同心一生一師系列《廣西越南篇》、《廣西越南續篇》、《大灣區東埔寨篇》、《校長也上課》等書。

停課不停學，學什麼？

學知識，也要學道理

香港春節前後爆發新型冠狀病毒，隨之而來中、小、幼學校一致停課、再停課，弄得香港教育界陣腳大亂。猶幸各教育同工盡忠職守，齊心抗疫，倡儀「停課不停學」，務求把疫症帶來的禍害減至最低。

「停課不停學」是口號，但觀乎各教育團體的反應，這個不是空洞的口號，而是帶有實質的行動。得益於資訊科技的發展，大小教育組織、學校利用不同的資訊科技平台，製作了涵蓋不同科目的教材，與學生進行單向、雙向、以至多向的學習溝通。

「停課不停學」，學生學的是什麼？觀乎不少課件，多是與學科知識有關。這當然不是壞事，與其在家中百無聊賴，無所事事，學點知識，肚裏多點墨水也是好事。但教育講求對機對應，現在正是大好時機讓學生透過觀察，明白一些知識以外的道理。

接受道理要有一定的思維能力，這又牽涉到critical thinking這概念。

慎思明辨

現今教學，不同學科也強調critical thinking，中文即慎思明辨。「慎思」是因、「明辨」是果，先有慎密思維的因，才能結出明辨是非之果。「明辨是非」既是一種能力，也是一種修為，人愈能明辨，愈較容易開出一條人生康莊之道。

整天的生活就圍繞着這些真假難辨的消息轉，但也正正是一個好時機訓練學生們用謹慎的思考過濾虛假的消息，提升明辨的能力。（Shutterstock）

怎樣能明辨？就是要慎思！慎者，謹慎也。謹慎一詞，若回指人心，是褒義；向外的行為則為貶義，多指性格果斷、做事欠缺信心等。惟嚴謹、仔細、小心觀察外境的心理活動，就絕對是良好、全面思考的前提。critical thinking以往譯作「批判性思維」是把思維只囿於單一維度，因要批判，思考自然傾向尖銳，挖得愈深，愈能彰顯尖及銳；如此很容易會忽略不同面向的思考，沒有謹慎的思，自難培養出有明確分辨能力的果。

雙面刃的社交平台

社交平台或稱社交媒體是一把雙面刃，把持不好不只傷人也會傷己。在疫情肆虐下，相信不少香港人每天起床第一件事就是用智能手機打開各種社交平台apps，WhatsApp、WeChat、Facebook、Instagram、Twitter、YouTube……去收看、收聽排山倒海的資訊；整天的生活就圍繞着這些真假難辨的消息轉。這自然是現代人的悲哀，但也正正是一個好時機訓練學生們用謹慎的思考過濾虛假的消息，提升一己明辨的能力。

近月來，有關疫情不真不實的資訊多如牛毛，俯拾即是，老師稍為整理，應不難給學生一套合用的學習教材。學生或問何以知訊息誤導或虛假不真？老師即可因勢利導，誘導學生當碰到誇張或異於正常的資訊，即利用「互證法」（或稱三角交叉法、多元交叉法，翻譯自英語triangulation），翻查不同來源資料，以加強資料的可信度。

拒絕fake news！

為何說這是個好時機提升學生慎思明辨的能力？一是停課時期，學生時間相對寬裕，較願意搜集不同來源資料；二是假材料實在太多、太明顯。這一刻朋友傳來某某藥房網上登記可購買口罩；那一刻，另一群組朋友馬上上載某某藥房的澄清貼文……材料太假，fact checking就相對容易，學生簡單的一登入官網即時可把西洋鏡拆穿。莫看輕這幾個簡單動作，所謂習慣成自然，透過資料互證，學生會慢慢發覺原來社交平台的所謂資訊有不少只是有心人的二次創作，居心叵測，且完全作不得準。

這種觀念上的轉移是建基在懷疑、求證多面向的思考上，這就是慎思，繼而即會明辨出不相信此等虛假資訊的果；既然不信，就不會轉發了。試想，如每個社交平台的用戶，每接收資訊時，都習慣用慎思明辨的態度去面對，當發覺資訊有異常，即刪除並不作轉發；如此，刻意製作虛假消息的有心人，就會喪失利用愚昧用戶亂發誤導、不全面、虛假消息的目的了。說得遠一點，如希望社會人民的素質有所提升，就從多培養利用互證法的習慣開始，拒絕接收、轉發fake news！

停課不停學，除了知識，還要慎思明辨。

2020年2月20日

停課不停學，父母也要學？

新冠疫情繼續在社區肆虐，中小幼停課再停課，至本文刊出時，學生已離開學校達一個月了，但距離復課似乎還有一段頗長日子。教育局最新的公布是不早於4月20日復課，而且有可能是分階段復課，教育界一般的共識是讓高年班的學生先行回校。吾等當望一如教局所料，學生能依時復課；唯從現在起算，還有40多天啊！學生賦閒在家，何事可做？

最往者不可諫

有大學反應迅速，即時展開停課對學生影響的商調查研究。初步結果，雖說停課不停學，大部分學校都為學生提供不同形式學習模式，如網上授課、工作紙、不同的網上學習課件等；唯效果不彰顯，受訪學生有說寧願早點上課；有家長擔心小朋友多了時間沉迷玩電子遊戲；亦有家長稱因整天要照顧孩子，壓力大了許多。

調查結果，正正帶出了問題的核心：停課不停學，不可能是單向的；要求思想還未成熟的學生在家中自行乖乖學習，與緣木求魚分別不大。試想子女整天在家，兄弟姐妹會多了磨擦的機會；本來，子女間日常的爭執，是成長的一部分，家長若處理得宜，一般均可小事化無。問題是現今的父母，不大習慣要長時期的面對子女，加上疫情帶來的壓力，人容易變得心浮氣躁。當子女不和，父母如處理不善，很容易會破壞子女關係。當緊張、猜疑種籽在家庭中萌芽，就有機會發酵，初初可能只是夫妻齟齬；發展至極端，家庭會因此而分崩離析……。

「往者不可諫，來者猶可追」，過去的已不可挽回，幸好未來的還是有機會改正的。停課不停學，莫只是把關注點放在子女身上，為人父母者，也要學習啊！那學什麼？不是知識，那些什麼「育兒100招」或可幫你很多；但更需要學習的是重新學習與子女及伴侶相處之道。

重復初心

期望子女成材相信是每位父母的願望，這是人的天性，無需置疑。但何謂「成材」？先是「材」與「質」相關，質是資質，是天生的，後天能改變的不多。再者，當談論「材」時，父母每每喜愛從比較角度出發，「我家蠢鈍兒，怎樣怎樣的不如人……」比較心與憎惡心是雙生兄弟，「沒有最好，只有更好」，在比較下，自家子女永遠也會不如人，心不滿足，久之會對子女有憤懣之情，如此，又怎樣能有良好的親子關係？所以，父母首要學習的是要回復對子女的初心！那是什麼？就是父母最原始時對子女的期望！

停課不停學，莫只是把關注點放在子女身上，為人父母者，也要學習。（Shutterstock）

還記得以下對白嗎？在子女還是手抱嬰孩時，相信不少父母在特定場合，如滿月酒時，向朋友、親友說：「只希望子女肥肥白白健康成長……」。子女能健康成長就是父母對子女的初心。子女成材當然重要，但不是我們的初心，「成材」是副產品。「材」要依賴資質、要培育、亦要講機緣。這樣說來，是否我們不要求子女「成材」？當然不是，只是要小心演繹何謂「材」。

觀察與聆聽

我與家長傾談時，最喜愛問家長其子女有何優點。絕大部分家長均回答不了，或把孩子的技藝當為優點。相反，若問孩子的缺點，答案即如山洪，一發不可收拾。要子女成材，一定要知道子女的興趣、優點、潛能才可以用適當的方法培育啊！這種了解要透過長時間的仔細觀察及細心聆聽才可得到。

停課期間，子女整天在家，縱使是雙職父母，與孩子相處的時間一定會多了。先把自己情緒控制，仔細觀察孩子的行為，千萬不要把孩子的一些良好習慣當作是「想當然的」是take it for granted。這當中牽涉到不少家長錯解了「材」。往往把技術的操作等同於「材」；誰不知，這只是「材」的一部分，而且是一小部分。不是説「孩子健康成長是初心嗎？」健康不只是身理，更重要的是心理。如孩子能培養好的品德、習慣也是一種「材」啊！而且是終身受用。就讓我們家長把負面的停課外境變為正面的學習，與孩子一起「停課不停學」。

2020年3月6日

疫情下海外留學的強弱機危（SWOT）

教新型冠狀病毒2020年初爆發至今，影響我們日常大小生活，包括是否仍送子女留學。本文以「強弱機危（SWOT）」模型分析這問題，讓家長在現今全球疫情仍然嚴峻下，對送子女海外留學有一個較全面的思考角度。

留學的優點仍在嗎？

留學的優點不少。網上隨便谷歌，也可找到十項八項，總的來説是競爭力有所提升，這又可細分為外在的及內在的。外在的是從工具層面上説，最明顯莫過於語言能力。理論上在目標國家逗留時間長些，你對當地目標語的把握能力會高些。對香港留學生來説，目標語多指英語。所謂language is power，語言這把劍，磨得愈鋒利，將來發展機會自然愈高。內在的優勢與留學生獨自在境外學習有關。一個人生活，無父母依靠，多能提升日常生活管理的能力，較能懂得控制財政支出、時間管理；結交不同國籍、文化背景新朋友，溝通能力也會強些，最後整體自信心也能提高。

這些優勢疫情前後估計分別不會太大。留學仍然是實體的，在當地生活，自然的在口音上有所變化，説話語氣、手勢會向當地人靠攏；仍能與不同種族文化人士交往，慢慢建立世界觀視野。但需注意，箇中優勢近幾年已開始模糊，甚至逐漸消失；與新冠疫情無關，是全球化下帶來的另一種發展生態，有機會再談。

倉猝決定，受害的是整個家庭！

留學不是上街買菜般簡單，抉擇是要謹慎，把子女送往海外獨自一人，要注意的不只是學校、課程等，還需留意子女的心理調適，這需要時間，不可一蹴而就。撰寫本文時已是9月下旬，位於北半球的學校已開學或快開學，此時此刻，仍有家長向筆者查詢本學年海外學校的情況！家長心急不全然直接來自疫情，所謂「新仇舊恨」，「舊恨」是長期對國家不信任，認為香港日益「內地化」，把子女早日送走是上策；「新仇」是認為特區政府處理疫情不善，再加上社會動盪，於是萌生去意。抉擇最忌感情用事，家長恐懼、不滿，子女亦會受影響。留學動機只為逃避，準備自然倉猝，細節未安排妥當，就貿然起行，很容易埋下子女與家長不和的伏線，最終受害的是整個家庭啊！

疫情下，留學的選擇更多

疫情、緊張的國際關係，反令有志海外留學的同學多了不少機會。最明顯的是較易進入名校。以澳洲為例，這個也是港人喜愛留學的熱門國家，由於中澳關係政治化，內地已不鼓勵內地居民往彼邦旅遊、以至留學。內地生本是澳洲各大學的大客戶，少了內地客即少了大量的財政收入，此消彼長，唯有多收其他地區學生。

對部分港人而言，疫情下海外升學還有另一優勢。近幾年，不少港人常投訴，海外寄宿中學，錄取了大量內地學生，令香港學生有在內地讀書的感覺。中國是現今全球輸出留學生最多的國家，他們主要去的地方，也與港人一樣，是英語系國家，海外寄宿學校為求生存，自然是來者不拒。疫情及政治的原因下，中國學生減少到海外留學，造成了熱門寄宿學校回復以往種族多元化的情況，真是始料不及。最後，疫情下，海外升學也出現了新的危機。

經濟不穩帶來財政沉重負擔

先說故事。主角20多年前海外留學，讀的是飛機工程，回港後在航空公司工作，很快晉升管理層，薪高糧準，羨煞旁人。依從香港中產發展軌跡，先後把兩名子女送到英國讀大學。疫情爆發，航空業是重災區，他已連續半年停薪留職，或只領取幾成薪金。兩名子女在英國留學所費不菲，學費、衣食住行一年過百萬港幣！疫情似乎已變成新常態，空中交通需求是否仍有增長？或是將會進入嚴冬期？全球疫情持續、反覆，首當其衝是經濟。可以預計公司倒閉，自救行動，如減薪、裁員似乎已是無可避免。這是疫情下留學的新危機。

另一危機是當前國際形勢對華人相當不利。部分原因是有心人把全球疫情大爆發歸咎於中國疫情處理不善，後果是導致全球華人與當地人關係緊張，部分國家華人留學生更無故被襲擊。現今華人在外國生命受威脅主要原因應是中美關係進入低谷，隨之而來的是西方（主要是美英澳加紐的「五眼聯盟」）的圍堵。「圍堵政策」是針對中國的崛起，全球疫情令這個議題變得更尖鋭化。

海外留學本是不少同學的美夢，一場疫情卻令有意負笈海外者卻步。家家有本難唸的經；留港或留學，已變得非常個人化，家庭背景不同，考慮點亦會各異。

2020年9月22日

2021年學校教育可做什麼？

2020年全球新冠病毒疫症大爆發，直接及間接為社會每一界別帶來巨大的不良後果，教育自然也不例外。唯教育畢竟異於其他界別，教育是個人、社會，乃至國家、民族希望之所託，外境無論艱辛，為人師表，理應抱着樂觀的心，找着歷史的契機，積極的為教育界盡一點力。際此年杪，應仔細思量明年教育的重點何在！

後疫情教育

新冠病毒疫苗已面世，官民開始接種，估計病毒會慢慢受控，各行各業亦會陸續復業；學校農曆新年前後復課機會應高。復課後教師自然忙於趕進度、預備測考等事務性工作；這些自然重要，但卻缺前瞻，未能抓着疫情後的主要後遺症及正面影響。於學校而言，新冠病毒爆發期間，最嚴峻的莫過於停課停學。據聯合國教育、科學及文化組織推算，全球因此而全國或局部地區停課的國家超過190個，受影響的學童達16億！這樣大規模的停課，前所未有，自然大受關注。

政策需要有證據支持

停課對孩童的影響，西方英語系國家，如美國、英國、澳洲等已發表了不少初步研究；國際性組織，如上述聯合國教育、科學及文化組織，網頁上亦有專題分析，定期更新有關資訊。不少影響較有共通性，如孩童的情緒變得低落、可預計的輟學潮、低收入家庭難支援線上學習、兒童長期留在家中，增加了受虐待的危機等。但教育是要貼地，要照顧context，這些西方國家所出現的負面影響，在香港也同樣出現嗎？是否如西方國家般嚴重？有其他獨特的影響嗎？這就要深入調查才可下結論。所以，大型、有系統、深入的研究調查是有必須的，下藥必須對症。藥方可以是教育局官員炮製；也可委託教育專業團體進行；若能同步更佳。不少影響是跨部門的，如虐兒、家暴；已不只是教育局的工作，多部門的協作是必須的。總之，政策付諸實行之前必須要有證據支持，這才是理性、科學的決策。

線上線下混合模式

教育應從積極、樂觀方面看。新冠疫情自是人類的不幸，但也能產生正面的後果。線上教學模式，或線上線下混合模式應是一個意想不到的收穫。Online Learning已是近年學習的趨勢，但囿於成見也好、學校因循也好，始終未能在學校普及，一場疫症大大減少了學校師生「面對面模式」學習；代之而起的是全線上、或線上線下混合模式學習。經過接近一年的經驗，師生已習慣了線上的操作；對Zoom、Google Classroom等線上會議軟件多能操控自如；網上課件亦已累積了一定數目。技術及量已有了，下一步是質。建議教育局來年度用不同方法，如活動、比賽、獎勵等方式，統一收集各幼小中網上課件，聘請專家，去蕪存菁，整理優質課件，供學校使用，提升網上學習效能。

長遠來説，宜制定相關網上學習、線上線下混合學習模式政策，這不僅是大勢所趨；亦是具前瞻性的做法。雖説有疫苗，效果如何、有否嚴重副作用等，始終有待觀察，未來幾年要完全恢復以往學習模式機會可能不高。政策做好，就能防範未然。

抓緊明日棟樑的培訓

孩童是國家的明日棟樑！後天培訓、催谷的尖子每校均有一些；但既有天賦、又能主動，且亦有家庭支援的卻不易找。一場瘟疫卻無意暴露了他們潛藏之處。由於缺乏學校有系統的支援，一些主動、能力強的學生脱穎而出。這些尖子異於以往多集中在學業成績的範疇；高情商、較具逆境能力（resilience）、具領導才能、主動（proactive）、有耐性等這些主宰將來成功的性格特質，在家中自主學習中顯露無遺。唯若沒有適當的引導，待疫情復課後，彼等很大機會只變回考試動物。社會要能有躍進式的進步，一定要有具高能力的孩童接班。這機會百年難一遇，所謂「蘇州過後無艇搭」，主政者宜積極培育這批幼苗。

2020年12月29日

作者簡介

彭智華，香港註冊教育心理學家，投身教育37年，擁有中外教育及教育心理學碩士學位，現為香港大學輔導碩士課程實習工作坊導師。同時，亦為香港小學學生輔導專業人員協會榮譽顧問、香港幼稚教育人員協會榮譽顧問。於2005年成功研發《9S®全腦開發九攻略》，讓教師及家長更能為學童提供全方位的感官刺激，特別為有特殊學習需要的學童提供多元化的學習途徑，更能奠下良好的基礎。於2009年，《全腦開發九攻略》論文更獲第二屆中華婦幼健康大會評為優秀論文一等獎。

太空探索的反思

嫦娥五號的返回器在2020年12月成功從月球表面帶回土石樣本，可説是太空探索的重大突破，而香港理工大學有幸參與是項計劃的一個環節，身為香港人感到自豪之餘，亦非常值得大家反思探索太空的價值及意義。

在20世紀的冷戰時代，當時的蘇聯與美國的太空競賽正進行得如火如荼。首先是蘇聯成功衝出地球，將一隻狗送上太空；然後是美國成功將一隻黑猩猩送上太空，更能活生生地返回地球；兩國「鬥快上太空」的競爭從此展開，同時也在發展國防科技及意識形態之間不斷的鬥爭。

平民百姓在電視看見火箭再次升空，在天際劃過一道雲狀的痕跡，真的會為人類在太空的「壯舉」感到自豪嗎？對每天都要低頭工作十多小時的勞動階層，能在夜空下停低，抬頭感受宇宙的奧秘，似乎是一種遙不可及的奢侈。

探索太空沉重的代價

雖然太空科技為人民帶來對自己國家的身份認同和從中衍生的優越感，但也需要付出沉重的代價。當政府將大量資源投入於發展太空任務，與民生沒有直接的關係，必定會遇上一些國民的反對聲音，因為一次的升空任務可能需要犧牲數以十萬人所需要的10年資源；因此，大家需要更細心分析問題。

隨着蘇聯瓦解和冷戰時代的結束，以及美蘇在競賽後期的貢獻，從太空科技的研究，轉變為開始向民用技術方面發展，使民間可以受惠，為人類的日常生活帶來非常廣泛的便利，如天氣預測和全球定位系統，小至家中的電視和遙控，都是受惠於太空發展帶來的科技躍進。

在科學研究的不同領域，如地球科學和天文學，近幾十年的發展亦離不開太空科技。沒有了大氣層的阻隔，天文學家觀星的能見度大大上升，收集外星數據的能力亦突飛猛進。最近收集的月球土壤樣本亦對地球資源的研究帶來重要數據。

太空科研的成果可能帶來很豐厚的經濟回報。科技的發展和應用，其實亦令大眾受惠。例如，為了設計太空人所需的營養餐單令嬰兒食品的質素亦有所提升。同時，研究監測太空人身體狀況的系統亦對普通病人的監控帶來突破。

探索太空違反道德？

對太空探索的反思，除了財政資源上的分配外，還有道德上的考慮。早在1949年，人類已經開始送動物上太空做實驗。長久以來，動物實驗的考量都是平衡研究的成果和動物的犧牲。

近期一項關於漸凍人症的藥物研究，將20隻白老鼠送上了太空站，研究一種新藥對牠們肌肉萎縮的影響，從而了解新藥的功效。這類藥物研究在過去10年都暫時沒有什麼驚人的進展和突破，同時，過去漸凍人症的動物研究亦未能為人類應用方面帶來什麼啟示。因此，有動物平權組織發起聯署行動要求美國方面停止將小動物送上太空犧牲。

平民百姓在電視看見火箭升空，真的會為人類在太空的「壯舉」感到自豪嗎？（Shutterstock）

雖然太空探索在賬面上的確花費了上兆元的金錢和小動物的生命，但是帶來的文明進步的效益並不可以輕易用金錢來衡量的。此外，太空探索亦為人類帶來不可用物質衡量的精神價值。挑戰太空的未知激發了人類的創意，製造出更多改善生活的發明。

美國太空總署現正研究改良洗手間的設備，因為以前的設計是以男性的藍本，究竟女性在無重狀態時的小便應該如何處理，學校可以藉此引導學生進行解難的研究；還可以研究太空人的小便去了哪裏，是否需要會飲自己的尿液呢？

總結而言，沒有人知道宇宙中還有沒有其他生命；正如古人造船探索未知海洋的彼端，人類團結一致挑戰宇宙的未知可能會被視為魯莽、愚昧，但同時探索太空的探險亦為一旦離開地球，殖民外星帶來了希望和建立重要的基礎！

2020年2月11日

抗疫的矛與盾

灼見名家在2020年11月舉辦了六周年論壇，聚集了各界專家聚首一堂，主題抗疫後的新時代，探討社會在疫情下的未來發展。其中兩位醫學專家袁國勇教授和沈祖堯教授的分享，讓筆者更明白抗疫的矛與盾。

疫情已持續差不多一年，從心理學角度，香港人從開始時並不察覺事態嚴重，然後發現問題在全港不斷惡化，而香港的疫情真是反反覆覆，究竟大家應該以什麼心態去面對呢？是否應該樂觀一點，還是不容鬆懈地抗疫呢？事實上，我們應有的謹慎並不是杞人憂天，而是未雨綢繆，還可能需要面對冬天來臨的再度爆發做好周全準備。

袁國勇：香港抗疫突顯了一國兩制的好處與壞處

袁教授指出，香港抗疫方面，突顯了一國兩制的好處與壞處；就是既不像中國，也不像西方國家；大家思考全國疫情初期已經果斷封城，防止疫情擴散及輸入的策略，是非常見效的，到了現在可能令人羨慕，全國的人都能在國內自由活動，更可以到處遊山玩水。

在崇尚自由的西方國家，很多人都不戴口罩，也不想生活上的自由被削弱，縱使政府想加大力度封城或提出一些嚴厲的口罩令，都會遇上不少阻力，可以控制的範圍與中國相差甚遠，因此疫情到現在仍未受控，在外國幾百萬宗感染的反襯下，香港的情況似乎比較樂觀。

袁國勇教授（左）和沈祖堯教授的分享，讓筆者更明白抗疫的矛與盾。（灼見名家圖片）

不論是香港政府，還是每個小市民，都在思考面對疫情的矛與盾。某程度上，香港的抗疫工作亦有內地政策的支持及影響。在「限制自由」一方面，香港的強制隔離，口罩令等措施較外國嚴格，成效亦顯著。在新科技的幫助下，應用程式追蹤密切接觸者亦能截斷部分傳播鏈。

當然，市民之間亦有不同政治考量，有些人擔心應用程式會侵犯個人私隱，或是收集的資料會被用作非抗疫的其他用途，因此又未能學習內地及早推行健康碼，大家出行的自由仍有局限性。

沈祖堯：需要有長期作戰的準備

沈祖堯教授的分享，讓大家對新冠肺炎疫苗的看法有了更清晰的藍圖，他回顧了黑死病對人類影響，也檢視了天花疫苗成功研發後，需要數百年才能滅絕天花，究竟現在的新冠疫苗是否能快速抑制病毒，可能言之尚早，大家可能需要有長期作戰的準備。

大家可能在抗疫有不少的矛盾心情，進退維谷，或許有一生命故事可以給我們一點啟發；有一位印度裔的神父多年來在香港傳教，他的父母在數月前在家鄉不幸受感染新冠肺炎，雙雙進入深切治療部；然而，經歷多番搶救，只有一老康復出院。身為兒子的他在香港未能見母親一面，也未能奔喪，只能透過網上直播觀看喪禮，當中的悲慘刻骨銘心。

正是身邊一個個的慘痛教訓提醒我們：抗疫工作是整個社會都不容鬆懈的，沒有一點自私的空間。除了新冠肺炎的死亡率外，這次疫情對我們的經濟和生活常態的殺傷力亦是不容忽視的。

香港作為中西交融之地，有着參考內地的政策，亦有西方文化的影響。最後出來的防疫措施，是一種「限制」和「自由」之間的平衡，降低矛盾。既有嚴格執行隔離令和限制人群的決斷，亦保留了一定的自由度。港人在對抗疫症，亦沒有西方般採取無作為、懶理的心態，反而是人人做好本份、負責任的做法亦為社會安全帶來好處。

相信所有人都會希望疫情明天結束。好比當年日本侵華佔領香港是三年八個月的事，不能奢望一時半刻能有美滿結局，只能盡量做好準備自保。套入現時疫情，向好處望時亦要不忘為較壞情況作出最好準備。時刻戴口罩及勤洗手是防護的盾，購入足夠的食物及強健身體是抗疫的矛，為下一輪長期在家學習、工作做好心理準備，將抗疫的矛與盾放於適當的位置，就可以度過難關。

2020年12月9日

疫情下的視像會議

香港受到新冠肺炎疫情的影響，已停課一段長時間，有些學校通過拍攝短片或進行網上的直接教學，讓學生能夠在家中透過電腦及智能電話等設備來進行視像學習，模擬真實上課的效果，有些學校更根據原本的上課時間表進行視像課堂。

老師可以透過不同軟件，例如Skype、Zoom、Google Classroom等，分享自己的電腦螢幕和需要學習的文件，還可以即時在畫面上作標記，活用這個智能白板；學生也能夠足不出戶、遠離病毒的威脅便能上課，實在是非常方便。

但世界上的每件事是沒有那麼完美，好的事物總會有一些副作用；不少老師和學生在疫情下使用網上學習弄得叫苦連天。原來這種技術並不是十全十美，而我們的經驗和技術不足也使我們未能完全掌握這種科技。

讓學生反映網上學習感受

對於學生來說，網上學習是一個大挑戰。首先，學生長時間面對同一個電腦視窗，長時間只能用眼睛及耳朵接收，沒有動手動腳的機會，容易導致專注力下降。同時，因為雙方都只能透過螢幕接收資訊，老師不能看到學生的反應來調整教學進度，而學生也不能即時讓老師知道他們並未完全掌握資訊。

對此，老師可以考慮使用更多的手勢和畫面的視覺變化來刺激學生，也可以加入更多互動元素，例如多加提問，可讓同學在白板添加筆記，和讓他們表達自己的意見等等。有些同學可能會對於自己的家庭環境，被其他同學看見感到不安，也可能會因為家中出現噪音或家人的説話影響到課堂而引起尷尬。

加上網上教學與現實教學有截然不同的限制，老師需要另外準備教材和教學方案以便在應用程式上順利傳達信息。老師要為各種隨時發生的技術性問題，預備一些後備方案，例如學生缺席導致不夠人數進行小組討論，部分學生的家庭網絡並不穩定，分享螢幕不成功，突然出現噪音等等。所以教學進度必須具有彈性，而且老師必須清晰了解軟件的運作，包括會議管理的操作和各種功能。

另一方面，很多家長和老師都苦惱如何確保學生在網上學習時，確切地認真學習而不會在螢幕背後玩遊戲或分心。學生的自律性固然是最大因素，但家長和老師其實都可以協助學生建立在家學習的正確心態和習慣。

有數間香港的學校要求學生在家學習時，都必須長時間打開視像鏡頭並要穿着校服，目的是讓學生感受到作為學生的責任感和鍛鍊他們上課的紀律，以便他們能夠隨時隨地都能夠進入學習的狀態。

家長和老師也可以不時讓學生反映一下透過網上學習的感受，了解他們到底吸收了多少知識，能否適應這樣的教學模式，除了是改進網上學習的教學方式之外，更能讓學生抒發情緒和壓力。

不是每個家庭都有電腦資源

由於網上教學需要各類型的電子設備，例如視像鏡頭、電腦或平板電腦、穩定的網絡等等。為了讓學生能夠清晰閱讀畫面上的資訊，螢幕當然是愈大愈好；愈快速愈穩定的網絡當然也能夠確保畫面素質清晰順暢。

但並不是每一個家庭都具備這些資源。例如倘若家中只有一部電腦，在家工作的家長或學生的兄弟姐妹同時需要進行網上學習，便需要考慮分配時間輪流使用電腦。即使家中有多部設備，當大家同時使用網絡時也容易出現數據流量不足，影響通訊的順暢度。

現在已有一些學校開放校內空置的課室或電腦室，讓有需要的學生回校使用電腦或自修室。亦可以考慮購買無限流量電話卡，以應付突發情況。在這突如其來的疫情下，每一天的考驗都在變化，我們也許只能夠像這樣隨機應變了。

最後，大家需要引導學生們明白是次疫境，是自強不息的黃金機會，需要磨練自己的忍耐及協商能力，提升自己的軟實力。

2020年4月15日

停課的十大親子減壓法

家長可能發現子女在停課期間，多了很多情緒或行為問題？這是正常的反應，因為沒有與好朋友見面，也沒有吃、喝、玩、樂的機會，亦沒有出外的自由活動，家長要體諒他們現時的情況，在過了這場疫症後，情況有機會好轉。

現階段最擔心反而是家長看見子女有情緒或行為問題時，會有過激或不合適的反應，家長製造了子女的第二度情緒，好像地震之後出現海嘯一樣，家長未能輔導子女之餘，還做成了惡性循環。

家長想為子女減壓，要首先分析他們的情緒或行為問題根源，如果家長發現子女在疫症前已出現情緒行為，只是在這期間浮現出來或惡化了？是否他們太苦悶才有這行為發生，或是因為父母在抗疫時期管教處事與子女出現了分歧？

亦有個案是因為之前社會運動影響，或社會問題影響了家庭關係而出現情緒，還是未有社會運動之前已發生。因此，子女在停課期間的情緒或行為問題，要深入地個別診斷，還需學校與家長商議，找出問題根源；另一方面，家長需要為子女提供多元化的親子減壓方法，改善大家在停課期間的緊張關係。

易子而教

有時子女不聽話，可能是家長與子女格格不入，有時同一番説話由別人説出更有效果；家長可以找一些與子女相熟或喜歡的人物，到家中或視像勸導他們，引導他們説出情緒或行為問題的原因，又可以勸導他們疏導情緒。

享受洗澡

當子女困在家中，最合適又安全的減壓措施，就是讓子女在天氣不冷的情況下，在洗澡時給他們較長的沐浴時間，能夠讓他們可以盡情地玩水宣洩情緒，玩水是很多孩子喜歡的活動。

購買玩具

家長在平常的日子都需要為子女提供玩具，避免他們沉迷電子產品，家長可在停課期間，比平常需要提供更多的玩具或遊戲，可能有會機轉移他的精力及維持他們的學習興趣。

戶外活動

雖然在現階段進行戶外活動是會有風險，若家長發現子女的情緒問題已達到爆炸的狀態，在兩害取其輕的情況下，家長可以給他們出外伸展，做一些運動如踩單車或跑步，曬一曬太陽及發洩精力。

做真獅子

家長與子女一起扮演獅子，但實際上是以手作為大口，將一些廢紙撕開，增強小肌肉的協調及力度，然後逐漸增加紙張的數量，考驗子女能撕開多少張廢紙，有人能夠將以前厚厚的黃頁撕開，家長讓子女有一個挑戰的指標，究竟最終可以同一時間撕開多少張廢紙。

「還寶」大使

家長需要更多善用這些大大小小的包裝，使子女可以成為還寶大使，使用這些環保物料創作，家長適宜讓子女在家中創作更大型的設計，如適合他們搭建可以讓他們入住的小屋，使用報紙自製足球、飛標、擲準，或使用水樽自製保齡球樽等。

自製遊戲

家長可以與子女設定一些比賽忍耐能力的項目，如頭頂物件最長時間，準確閉眼1分鐘，或單腳站立5分鐘，引導他們自行設定一些項目及標準，然後作出適當的練習，邀請朋友通過視像比賽。

開大食會

雖然現階段不方便讓子女到不同的餐廳享受美食，但家長可以嘗試為子女買一些美食回家，使家中成為了美食天堂，品嚐有特色的美食，家長更可以安排子女成為食家，點評不同的食品。

廚神學堂

不論子女年齡的大小，家長都可以引導參與一些煮食遊戲，重點不在於炮製食物，而是讓子女可以發洩精力及情緒，例如以搓麵粉替代日常的搓泥膠，又可以讓他們洗米或水果，亦可以讓他們切水果片，有如廚師學藝，首先學習洗切，然後在安全情況下，讓他們學習煮食。

親子按摩

家長可以先替子女按摩，如用手指輕按子女的頭部、身體及手腳然後引導子女為家中的其他人或父母按摩，但不需強調手法是否正宗，目的只是透過按摩，發洩大家的精力，及增進大家的親密感覺。

2020年3月26日

作者簡介

余錦明，持有文、理、商、社會科學、教育學位及哲學博士，以多元的形式服務香港、澳洲及紐西蘭教育界。不時穿梭三地，於不同地方參與當地的教育服務。余博士現時為澳州芬蘭教育機構執行董事，在澳洲致力推行幼兒教育及師資培訓工作，並安排不同亞洲地區的在職幼師到澳洲進行專業發展及行政管理工作交流。此外，余博士亦身兼紐西蘭Auckland International College學校發展職務，並透過多邊合作的方式在不同國家進行國際文憑課程組織（International Baccalaureate Organization）課程的實踐。

疫情下的澳洲幼稚園營運個案實錄

新冠病毒自2020年1月下旬開始肆虐澳洲，3個多月以來的確診個案已累積至6875宗，當中死亡個案為98宗，康復者累計5984人（2020年5月6日截稿計）。筆者在確診數字最高的新南威爾斯及維多利亞州營運幼稚園，數月以來的經歷讓筆者感觸良多，希望以本文作簡短分享。

退學潮的衝擊

澳洲的幼稚園教育以政府資助制為本，每名學生的家長經過政府入息評估後，便可取得獲資助時數及資助額，一般家庭的每名子女大約可獲得每星期2至3日（每日10-12小時計）的資助日數及學費總額的70至85%的資助。以每名學生學費100-150澳元計，家長需為每名子女繳交15至50澳元費用，該名子女便可每天在幼稚園度過10至12小時的學習生活。但是，當遇上疫情時，家長因擔心子女受感染，便陸續開始缺席上學及退學。不少幼稚園的退學率更達到50至80%，嚴重打擊幼稚園的營運情況。在2月底3月初，筆者的數所幼稚園平均錄得5成缺席率及大約1成的退學率，家長寧可讓子女缺席而未有選擇退學，可算是對學校作出大力的支持了。再者，更有不少家長表示願意向我們捐贈物資，甚至金錢，他們的熱情和關愛真的令我們感到非常溫暖。

失業潮更進一步牽動退學潮

然而，隨着政府宣布強制大部分商店停止營業，澳洲便出現了前所未有的失業潮，3月份我們差不多每天都收到學生退學通知，情況甚為不妙。

筆者正通過一些渠道向政府反映，希望政府亦能照顧這些處於困難的學校。（作者提供）

此外，澳洲在3月份更一度出現糧食短缺的情況，不少幼稚園因退學潮和缺乏糧食而被迫臨時停學，筆者只好每天到處張羅糧食，希望能安然度過這一難關。

澳洲政府果斷出手，堅決不停課

關於幼稚園停課的問題上，澳洲政府一直非常堅決不停課。他們大致認為要有效制止新冠病毒爆發，必先做好三方面工作：

1. 停止所有非必要的經濟活動；
2. 確保醫護人員能安心上班，醫療系統正常運作；
3. 警務人員努力執勤，嚴厲禁止市民上街、聚集及家訪；

要做好第二和第三點，政府必須確保醫護及警務人員能安心上班，所以幼稚園服務在當中扮演非常重要的角色及功能。在普遍沒有家傭及出生率頗高的澳洲，幼兒教育服務有其必要性。

鑑於幼兒教育服務的必須性，政府由4月份開始推出免收家長學費的措施，自此家長便不需顧慮經濟負擔，加上今個月推出的保就業措施（Jobkeeper Scheme），不少家長可以重新回到工作崗位，這些措施對幼稚園的入讀率和出席率都非常有幫助。

幼教從業員面臨的種種挑戰

幼稚園從業員會對新冠病毒抱有擔心的態度，她們每天近距離與家長及學童接觸，可謂沒有社交距離可言，而不少家長都是醫護人員或與人有緊密接觸的警務人員或超市工作人員，情況也令人擔心。此外，澳洲的社會文化不太接受幼兒教育從業員佩戴口罩，而大部分從業員也不願意使用口罩，這種社會現象也會讓幼兒教育從業員擔心及不安。

此外，因澳洲的失業率高達兩成，就業不足率更超過上述數字，這樣不少家庭產生焦慮和壓力，從而影響孩子的情緒。筆者發現一些學童出現不安的情緒，這也造成工作上很大的挑戰。

澳洲政府只為幼稚園提供學費總額的半費資助，同時推出保就業計劃幫助僱主及員工雙方。這個措施能幫助收生充足及有歷史的幼稚園，但這對收生不足的新校卻造成困難。不少新校因收生未足，加上新聘用僱員未有資格參加保就業計劃，再加上現時環境不利於招生，在這情況下，新校營運上出現很大的困難壓力。

誠然，澳洲政府在抗疫、挽救經濟和民生保障方面已做得不錯，只是有一些忽略之處。筆者正通過一些渠道向政府反映，希望政府亦能照顧這些處於困難的學校。

2020年5月8日

從香港到澳洲認識幼兒教育理念及進行實踐

透過教師培訓認識澳洲的幼兒教育

筆者從事教育工作約20年，5年前從香港移居澳洲，起初從事幼兒教育工作人員培訓業務，主要招收亞洲不同國家的年輕學生到澳洲接受幼兒教育培訓。此外，筆者亦協助澳洲的居民及新移民轉型成為幼兒工作員及幼兒中心主任。透過幼師培訓的工作，筆者有幸到訪許多不同澳洲幼兒教育機構及園所，從而深入地認識到澳洲的幼兒教育及當中的實踐情況，從而認定事業的發展方向。

澳洲幼兒教育着重全人發展

澳洲的幼兒教育理念稱為Early Years Learning Framework: Belonging, Being, Becoming。這個理念架構背後注重0至5歲幼兒的各方面成長，包括：

1. 身份建立（Identity）：包括安全感、獨立個性，自信心及自尊感的培養；
2. 個人與世界（Their World）：對家庭、社區及國家的歸屬感，尤其是多元文化，對人平等及愛護環境；
3. 身心平衡（Wellbeing）：身體、情緒和社交健康；
4. 投入學習（Involved Learners）：從學習過程中培養好奇心、協作、創造力、想像力、解難能力及學會學習的能力；

5. 溝通能力（Communicators）：學懂不同的溝通方法（包括語言及非語言、話劇、音樂、語言及資訊科技等）。

落實理念並不容易

筆者成長於香港，成長過程受東方文化影響，教學生涯曾嘗試實踐一些在書本學到的西方教育理念，移民澳洲後初接觸澳洲的幼兒教育理念，真的非常欣賞。筆者亦體會到香港近年的幼兒教育理念跟澳洲的理念很相近。然而，在實踐上兩地卻受着不同的因素影響。香港幼兒教育的難點在於社會人士過分着重幼小銜接和升學主義；此外，家長的訴求和教學成果的計量等因素亦有阻學校的課程實施。

在澳洲，以上的因素沒造成什麼影響，但教育理念的落實卻比較受學校人事因素所局限，例如大部分幼兒教育園所只有一至兩位學位教師，其他的幼兒工作員只有證書及文憑的資歷；而大部分園所內的幼兒工作人員多屬兼職員工。總括而言，師資的培訓因素和工時的限制在很大程度影響到幼兒教育理念的落實。

引進新思維，促進幼兒教育理念的落實

筆者在認識到現實與實踐的落差後，便積極籌辦自己的幼稚園，並於3年前開始營辦幼稚園。經過大約一年多的探索及實踐，我們建立了良好及穩定的教學團隊；確立了教育專家的支援模式；設計了合適課程；布置好校園學習環境等工作後，終於成功地落實了大部分的澳洲教育理念。各位朋友如有興趣進一步了解我們的幼兒教育理念及實踐，可登入www.heischools.com.au以認識相關辦學理念；如大家希望更深入了解我們的每天的教學場境，亦歡迎大家登入www.facebook.com/heischoolslara/及www.facebook.com/heischoolsemerald/ 作更深入的了解及密切的關注。

透過澳洲幼兒教育培訓課程體會教育的發展

未來一年內，我們的幼稚園所將會增加至10多所。為進一步推廣我們的幼兒教育理念，我們很希望中六畢業生、幼教畢業生、在職幼師及非幼兒教育背景的朋友進一步認識我們的教育實踐。透過接受澳洲認可的幼兒教育培訓，有興趣的朋友可到我們的園所實習15-45天，培訓課程可以在澳洲悉尼修讀（為期約2年至5年）或在香港遙距學習（期間要到澳洲進行15至30日實習）。

2020年6月9日

作者簡介

梁振威，前香港教育學院中文系講師，現為香港教育大學宗教教育與心靈教育中心專業顧問及兒童文藝協會會員。從教40年，曾於本港中小學、男童院及懲教署執教。主要著作《小學中國語文課程與教學》（與李子建教授合著）及《圖解中國國情手冊》（編輯），曾擔任出版社之中文科顧問及小學中國語文教材作者。

東平洲一日遊的感受：親子的「善教」與「教善」

前些日子，限聚令放寬了，為紓緩抗疫的苦悶，接觸大自然，於是參加了一個東平洲一日團。行程安排在馬料水碼頭集合，乘搭街渡往東平洲。

登船後，船緩緩的開往東平洲。由於很久沒有在海上遨遊了，船開行不久，便到船尾，享受一下清新的海風，看看群山的景色。吐露港的海面平靜得令人身心舒暢，初冬的陽光，給人親善的感覺。站在我身旁的是一對帶着一個約八、九歲小孩的年輕夫婦。年輕的爸爸不斷的跟孩子介紹圍繞着吐露港的一些景物：八仙嶺、仙姑峰……偶爾問問孩子對這些景物的感覺。孩子也頗聰明，能回應的都回應，不能會回應的便問媽媽。他們一問一答，一問一解的過程，讓我感到這是一個充滿親情的家。在他們一問一答的過程中，最令我印象深刻的一幕，是孩子的媽媽指着遠處的中文大學，跟孩子説：「豐豐，那是你爸爸的母校，中文大學。」

「嘩！很大的校園，爸爸，你在哪個課室上課？」

「爸爸上課的地點，是在山腳，近大學站，叫崇基學院。學院的校訓是『止於至善』。『止於至善』的意思是做到最完美才停止。你可以説出和『善』字有關的成語嗎？」孩子不假思索，便回答了幾個和「善」有

東平洲的龍落水是紋理清晰的頁岩。（Wikimedia Commons）

關的詞語：樂善好施、為善最樂……最後的一個是「日行一善」。孩子的媽媽聽過他的答案，搭着他的肩膊問道：「你有日行一善嗎？」孩子聽了，説：「我有買過旗，但我沒有機會每天都做一件善事呀！」

孩子的媽媽聽過孩子的回答，豎起了大拇指，跟他說：「你懂得行善，真叻，記着要努力做到最好，『止於至善』呀！」

孩子説出他不能「日行一善」的原因是沒有機會日行一善。他的話讓我想起我看過的一本書：《善的教育：日行一善的108種方式》。書中介紹的108種「日行一善」的方式，並不是天天要扶老婆婆過馬路，也不是天天給慈善機構捐獻，而是在日常生活中做好本份。做好本份的「日行一善」項目包括對「父母行善」、對「自己行善」、對「自然行善」、對「朋友行善」。

百善孝為先

船快要到東平洲，大自然的水天一色驅走了團友乘船時的睏倦。上岸後，團友沿着海旁從大塘灣沙灘向北走，前往島上的景點。島上的景點如洲尾角、斬頸洲、龍落水等都是紋理清晰的頁岩。色彩斑斕的頁岩順應着多變的海岸地貌，組成獨特的觀光點。團友不斷的拍照留念。小孩更是興奮，在頁岩間尋找海洋生物。一時間「小心跌倒呀。」的話音彼起此落。

那一家三口的小孩，也不例外，在水中的岩石間跳來跳去。他爸爸在向他大叫「小心跌倒呀」的同時，加上一句「你跌倒受傷，我和媽媽會很不開心的。」孩子的回應是：「我知道啦，爸爸，這兒很滑，你也要小心呀，你跌倒嫲嫲和爺爺也很不開心的。」好一句「我和媽媽會很不開心的」、「嫲嫲和爺爺也會很不開心的」，這不正正就是「身體髮膚，受之父母，不敢毀傷，孝之始也」嗎？「百善孝為先」，孩子這天已「行了一善」了。對於孩子的回應，我即時的感覺，是孩子的爸爸在培育他孩子的過程中，是「善教」，也「教善」。

回程的時候到了，團友登船。船回到馬料水碼頭，團友們到大學站解散，各自回家。在大學站候車期間，崇基的校園讓我觸起「止於至善」這四個字，在數碼化時代的今天，或許大學的同學已經忘記了「止於至善」是針對「明明德」而言，是要求同學弘揚內心的善良光明的德性。「善，德之建也」（《國語•晉語》），可見「教善」對塑造同學正向人格的重要。

「善之本在教，教之本在師」（李覯《廣潛書》），這句話的意指「一個人是否品行善良就看他受的教育如何，他受的教育如何又應看他的老師的水準如何。」孩子的老師，除了學校的老師外，也包括他們的爸媽。今天我遇見了兩位懂得「善的教育」的爸媽，是我這次遊東平洲的意外收穫。

孩子，就像東平洲的頁岩，蘊藏着不同顏色的礦物，只有經長期風化和海浪不斷的洗濯，才能展現出它美麗的層次，才能因應環境而成為獨特的景點。

2020年12月18日

人文精神與人文教育

近年在香港推行的教育項目，多不勝數，從多年前的學會學習、全人教育、正向教育、到近年的生命教育、品德教育，STEM、禮儀教育……令人目不暇給，應接不暇，而居於二綫的人文教育，最近也蹲在起跑線上，大有蓄勢待發之勢。

中西人文教育的不同

在中國，先秦時代已有人文教育的概念。「人文」一詞，最早見於《易經》。《易•賁•彖傳》：「剛柔交錯，天文也。文明以止，人文也。觀乎天文，以察時變；觀乎人文，以化成天下。」古人以大自然春夏秋冬、寒暑交替，有一定運行之「道」，這是「天道」，以此認為處身於天地間的人，也有「人道」，這便是「人文」，其作用是「化成天下」。對於「人文」的解釋，北宋程頤的解釋是：「人文，人理之倫序。觀人文以教化天下，天下成其禮俗……」（《伊川易傳》）。唐孔穎達對此有更具體的闡釋：「言聖人觀察人文，則詩書禮樂之謂，當法此教而化成天下也。」（《易•賁•彖傳》）。以兩位聖哲的闡釋，結合《論語•憲問》的「文之以禮樂，可以為成人」推斷，大抵中華民族的人文精神基石是儒家的道德觀與人倫觀，其主要教材是「六藝」，其目標是「可以為成人」。故中華民族的人文精神該是「成人」，其內涵是君子的應有品德。人文教育也該是培育孩子成為君子的教育，這可證諸於歷朝流傳下來的蒙學經典、各家家訓及甚至今天的語文教材。

至於西方的人文教育，則源自古希臘的人文精神。古希臘城邦社會，商業發達，資本主義社會。這建構了希臘人愛創新、愛發揮自我和愛自由的特質，形成了「自我關懷；對人的尊嚴、價值、命運的維護、追求和關切」、「珍視人類遺留下來的精神文化現象」及「全面發展的理想人格的肯定和塑造」的人文精神。西方的人文精神在文藝復興時期，推展成與宗教文化對立的「人文主義」哲學。這是以理性推理為思想基礎，以仁慈博愛為基本價值觀的哲學。當中涉及的人文精神內涵包含了「個人興趣、尊嚴、思想自由」、「人與人之間的容忍和無暴力相處」。源於古希臘人文精神的西方的人文教育，植根於「七藝」課程，最終發展成今天以培養學生具有「廣博知識和優雅氣質，擺脱庸俗、增長智慧、喚醒卓異、具有自由主義和進求個人幸福」的博雅教育（liberal education）。

香港人文教育科重視學習模式多於人文精神

在香港，「人文教育」這四個字，早見於2002午課程發展議會的《個人、社會及人文教育學習領域課程指引》（小一至中三）（下稱指引）。指引指出這學習領域的目的在「幫助學生維持健康的個人發展，培養學生的道德及社會價值觀」。課程以知識、能力、價值觀和態度作為架構；課程由「個人與群性發展」、「時間、延續與轉變」、「文化與承傳」、「地方與環境」、「資源與經濟活動」、「社會體與公民精神」六個學習範疇組成。至於學校如何施行這課程，教育局並沒有設定的規範，學校可以自由的模式教學。也由於這樣，很多學校把人文教育視為德育與公民教育。

對於人文精神和人文教育的概念，教育局在2003中四、五的「綜合人文科」課程有以下的一段話：

「『人文』一詞有多種含意。……通常，此詞是指與文化有關的各種學科，例如文學、歷史、哲學等等。有時候，此詞又會與『人文精神』緊密連繫。」

香港人文教育的發展，大概也是植根於此。這可證諸於2003年中四及中五的人文教育科（下稱「人文科」）課程的核心單元「個人成長、香港社會的特徵、現代中國的發展及全球化」和選修單元「宗教與人生、人類與環境的關係、大眾傳媒與現代文化的關係」。人文科的課程宗旨是：

- 增進學生對自身、社會、國家及整個世界的認識；
- 裝備學生能從多角度思考具爭議性的議題；
- 發展學生的共通能力，使他們可以構建知識以應付不斷變化的個人及社會環境；
- 為學生介紹適用於人文學科與社會科學的思維和研習方法；以及
- 幫助學生建立整全和合理的價值觀與態度，以維持健康的個人發展，並成為有見識及有責任感的公民。

就人文科的課程，筆者覺得這是重視學習模式多於人文精神的課程。

2017年更新了的人文教育課程，仍然與「個人」、「社會」綑在一起。課程的宗旨修訂為幫助學生：

- 了解自己、社會、國家和世界；

- 保持健康的個人成長；及
- 成為有自信、具見識及負責任的人，為家庭、社區、國家及世界的福祉作出貢獻。

更新後的學習範疇，包括「個人與群性發展」、「時間、延續與轉變」、「文化與承傳」、「地方與環境」、「資源與經濟活動」、「社會體系與公民精神」，當中以中國歷史及中華文化為核心元素。

對比2002和2017的課程，筆者感到香港的人文教育，正歸向具有中國特色的人文精神的人文教育。中國面對美國在貿易戰、科技戰和金融戰及軍事的威嚇，人文教育正聚焦於國家民族的根，廣闊和多元化的新世代知識，以國家、民族、社會和個人作為排序。

"Hong Kong is China, Like It or Not"，葉太的文章，或許是香港人文教育發展的一個路標吧！

參考文獻：

課程發展議會，《個人、社會及人文教育學習領域課程指引》（小一至中三），香港特別行政區教育統籌局，2002。

課程發展議與香港考試及評核局，《綜合人文科課程及評估指引》（中四至中五），香港特別行政區教育統籌局，2003。

課程發展議會，《個人、社會及人文教育學習領域課程指引》（小一至中六），香港特別行政區教育統籌局，2017。

2020年10月16日

作者簡介

陳家偉，資深教育工作者，哲學博士，對中國文化、生命教育、品德培育及資優教育都有豐富的經驗。近年，陳博士提倡「道德文化智能」和「宗教心靈智能」以充實加德納提出的多元智能理論。他曾在香港理工大學及北京清華大學進修國學，亦師從國學大師霍韜晦教授，以弘揚中國傳統文化為己任，及後，陳博士創立仁愛校長會並出任會長，弘仁傳愛。他志在教育，曾在中小學任職逾30年，出任校長近20年。陳博士勤於筆耕，著作甚豐；樂於分享，在電視、電台及網上媒體都可見他的身影。

告別2020——艱難的一年，但值得回憶

很幸運，我負責的文章剛好在12月31日刊登，正好是2020年最後的一天，讓自己可稍作回顧，去舊迎新，希望2021年疫情快快受控！

12月20日，我參加了女兒學校舉行的一個家長活動，名為「與疫境共處的時光」。當天約有十位家長及老師參加，大家都度過了洗滌心靈的兩個小時。

活動之前幾天，負責的老師已發了訊息，請各參加者先放鬆心情15-20分鐘，然後坐下來深呼吸一會，之後為自己寫一封信，回顧一下過去一年自己的感受，讓腦海浮現一些畫面；想想有什麼說話要向朋友和親人說；自己有什麼事要大聲說出來；有哪些事情要放下等等。寫好的信要在活動當天帶回學校。

眾所周知，今年是很艱難的一年，但也很值得大家花一些時間去回憶，體味自己的感受，我相信大都是苦的多，樂的少。所寫的信沒有字數限制，有的寫得很長，有的只是點列形式，而我寫了一篇不太長的信，只是記錄了幾件重大的事。

參加者都不記名地交出自己的信，然後主持人把信分派給每一個參加者，由其他人讀出自己的信。每讀完一封信，各人都會用紙寫下一些回應。十多人圍了一個大圈，互相聆聽各人的故事，知道人人都有自己的煩惱。有人訴說許多的不幸和困擾，有人則說沒有染疫已很不錯。

「與疫境共處的時光」家長活動除了分享大家在疫情期間的感受外，還透過藝術去讓參與者表達情緒。（作者提供）

幾件值得很感恩的事

我自己覺得今年的挑戰很大，工作和生活都有很多改變和需要很大的適應。不過也有幾件值得很感恩的事，包括1月份我和十多位志同道合的校長朋友成立了仁愛校長會，不知不覺間已將近一年。這一年，仁校會也做了些事情，包括集體捐血、替社交媒體主持節目、派贈防疫物資、派發緊急資助、在灼見名家開了一個「仁愛滿香江」專欄。最近又參與了香港電台的社區參與廣播節目名為「仁愛滿校園」等，希望透過不同的媒體，弘仁傳愛，發放正能量！

另外，我和太太在8月份也一同領洗，加入了天主教，成為了基督徒。本來是在復活節期間領洗的，但最終要多等四個月才進行入門聖事呢！

這個活動除了分享大家在疫情期間的感受外，還透過藝術去讓參與者表達情緒，首先是三人一組，共同創作一幅抽象畫，跟着是全部人的集體創作，把多幅畫拼合起來，也有許多新意。這兩個活動都可讓大家放下煩惱，活在當下，享受自由。

疫情下雖影響了我們的生活，但生活仍然是繼續的，最近有兩位好友分別嫁女和娶新抱，祝願兩對新人，生活美滿和幸福！

2020年12月31日

繪本的魅力

我身邊有不少朋友都是繪本發燒友，例如莎拉姨姨（Sara），她是一位兩子之母，由孩子在幼稚園階段開始，她已跟兩個兒子讀繪本。今年，兩個孩子已上高小了，大兒子很快便升中，現在兩兄弟都是廣泛閱讀者，「無讀不歡」，而且他們都是品學兼優的學生！

「知之者不如樂之者，樂之者不如好之者」，莎拉愛上了繪本，可說樂此不疲。她在《公教報》的少年版開了個介紹繪本的專欄，每周一文，和教友分享及介紹好看的繪本。她又在中文大學專業進修學院開辦有關繪本的課程；她還和一位朋友編著了《繪本一看就上手》。最近，她又開始畫許多動物的圖畫，在臉書上與網友分享，我相信也與她愛繪本有關。

舉辦講座 推廣繪本

另一位朋友Desmond (拉麵叔叔) 也是繪本愛好者，他育有一子一女，兩個孩子都是小學生。自從他接觸了繪本後便愛上了。兩年前他和一班志同道合的家長朋友成立了一個慈善機構叫「故事人生」，旨在以家長身份與其他學校的家長分享繪本共讀和推廣生命教育。

3月份開始，我邀請了「故事人生」為德萃學校舉辦「繪本學堂」一共分四節：

1. 好繪本如何好？
2. 大人喜愛的繪本，
3. 拿起繪本來共讀，
4. 繪本與生命教育。

上周三是第一講，由Desmond來學校分享。現場20多位家長都聽得津津有味。原來許多家長甚至教育工作者都不太了解繪本和它的價值，有時甚至只用繪本教單詞句子。

我們都非常享受Desmond的娓娓道來，他舉了許多例子，讓大家知道好的繪本不會用說教式、直接的手法，刻意地灌輸一些知識及信念給孩子，而是透過有趣的故事，讓孩子思考、領略、體會、發人深省。

好的繪本不硬銷、不洗腦，但可以潛移默化，就像放一顆種子在孩子的心田，讓它慢慢成長，產生變化，絕不會揠苗助長。

Desmond 為小一及小二的家長主持繪本講座。（作者提供）

當天Desmond 介紹了不少精彩的繪本，其中一本是《追夢的影子》。那是有關一個男孩子的影子離開了男孩的身體，自由自在地做他喜歡的事。這影子感染了其他人的影子、動物的影子、鯨魚的影子、花的影子......漸漸地所有影子都醒覺了，故事便發展下去，讀者也被感染了，感動了。

原來自己也曾有夢想，但早被現實的蓋過，變得麻木，忘記了人生的意義。好的繪本，言簡意賅，引發思考、啟發創意，令人回味無窮。

另一本是《當我吃拉麵的時候》，那是一般日本孩子日常做的小事，但也可說是「小確幸」（身在福中），但同一時間，日本的其他地方和世界的其他角落，如貧窮的第三世界，原來孩子們大都沒有足夠的糧食，更沒有清潔的食水，有些孩子甚至倒了下來......

幸福並不是必然的，溫飽、安全、舒適、快樂......都是要感恩的。一本好的繪本可讓學生認識世情、啟動他們的情感，令他們關心鄰居、朋友、世界各地的人、「民胞物與」，懂得愛人、愛衆生、愛世界。繪本如電影，是有情的世界，是夢的工場。

繪本可啟發許多生命教育。（作者提供）

啟發幻想 引起共鳴

他又介紹另一本美國經典繪本*Where the Wild Things Are* (1963年出版)，故事的主人翁是個小男孩叫Max，他被媽媽教訓了便生氣地走進睡房，然後幻想，慢慢進入一個奇異空間，到了一個住滿了各式各樣奇異怪獸的世界，後來Max更成為怪獸島的皇帝。

不過，最後這位小皇帝還是喜歡自己現實的家，於是返回「人間」，回到自己睡房。 這是一個非常「美國」的虛幻故事，原來美國前總統奧巴馬也連續數年選用了這本書在白宮草地為小孩子講故事。

這本書的震撼在於當年作者不跟從主流，摒棄了以道德教化的手法吸引買家（家長），卻選擇完全以孩子的角度出發，誠實地描繪孩子的心情。故事極受歡迎，至今大賣近2000萬冊！

最令人感動的一本是《大樹，你要給我記住》。故事講述一位獨居小屋的老人，經常投訴家前的大樹為他帶來許多麻煩，一怒之下，他把樹砍掉了！但很快他便很後悔，甚至大哭起來。樹已砍斷，不能回頭。

但老人抱着樹頭大哭的時候竟發現，旁邊長了一株新芽。有時錯了就是錯了，留下了不可抹去的傷痕，但人生總有轉機，我們的際遇有時是意想不到的。故事也讓人想起父愛母愛，讓人醒覺要珍惜眼前人。千言萬語，悲喜交集。

總結Desmond的分享，他説繪本主題相當廣泛，包括生老病死、戰爭、愛、自由、情緒等；好的繪本能引起讀者的情感共鳴，讓孩子思考，對內可以令自己的情感更敏鋭豐富；對外可以感化身邊的人和事，增加同理心，讓孩子思考，對世界有感覺；帶孩子想像，對未來有夢想；又可與孩子看真實的世界，培訓對困難的抗逆力等。繪本不只適合小孩閱讀，也會感動大人。下一節「大人喜愛的繪本」，不知「故事人生」會為家長們帶來什麼體驗呢？

繪本如兒童電影、兒童文學、兒童的詩，能滋養孩子的心靈，影響他們的生命，包括價值觀和人生觀。難怪莎菈姨姨和Desmond都迷上了，也希望更多人知道繪本的魅力。繪本共讀給予寶貴的親子關係和親子時間，大家多了共同的話題，心連心，共同經歷，共同思考。拍一齣好的兒童電影要花巨資，出一本好的繪本較為容易，希望有一天我也可以出版一本繪本。

2021年3月8日

作者簡介

陳章華，現為中華基督教會基華小學校長。2000年投身教育界，2015至2019年曾擔任中華基督教會方潤華小學校長。早年於香港大學取得教育學士（應用資訊科技於教與學），其後繼續進修，先後取得漢語語言學碩士及基督教研究碩士。近年來較多關注教育政策、課程發展、語文教學、學生成長等課題，並曾就有關課題及政策發表文章。

重拾校園時光

復課的準備

2020年6月行文之時，中學已經全面復課，小學高年級亦已陸續回到校園。在復課的準備中，不少學校都費盡心思，務求為學生提供一個安全、安心而且衛生的學習環境。例如不少學校為了搜購口罩，會向不同的供應商購買口罩，同時為了加強消毒，在市面尋找不少消毒噴霧或防護的供應商，在復課前可以將所有課室清毒清潔。過程當中我也接觸過不少產品和供應商，然而對於沒有相關專業知識的我們，只能從專業人士的講解和自行搜尋資料印證。除此，學校也需要裝置及加添各類的防疫用品，在課室、洗手間、走廊、禮堂、特別室等，每個地方的安排也需要細心思考，讓學生們方便安心使用。

很期待再聚一起

我們都很期待孩子們回到學校，那畢竟是已停止了大半年的學習。同學們再次見面，肯定雀躍萬分，很想多與朋友知己傾談，親近親近。這個疫症讓我們被迫要減少接觸，保持社交距離，要人刻意地疏離。這確是違反了孩子們的天性，他們最不能忍受「不能一起」：一起玩、一起分享食物、一起搗蛋、一起學習、一起唱歌……

重回校園，站在校門前迎接孩子，看見孩子們一張又一張的笑臉，我自己也不禁笑了出來，原來看似平常的事情——上課，也需要我們刻意經營，珍惜保存。他們不少也長大了，有些更是「脹大」了呢，也許是停課期間欠缺運動所致吧。

鬆一口氣，還是……

最令人擔心的，莫過於學習進度，我相信對家長來說是剛舒了一口氣，然後又深深吸一口氣。舒一口氣是因為終於不用「親子網上學習」了，再深深吸一口氣是因為想到要追回失去了的學習時光，那又要急起直追了。其實，時光過去了便過去，要追是追不回來的。而且停課期間不少學校都有「停課不停學」的政策，如果在停課日子與孩子保持學習習慣，回校後相信困難不少。最困難的是家長需要工作，孩子們又未養成自學自律的習慣，那是比較讓人擔憂的。因此，在返回學校的這個多月的時間中，我們應怎樣安排呢？

我們要讓學生重拾與人相處，一同經歷的快樂，而不是追趕已沒法追回的日子。這個疫症教會我們應着重身心靈健康，人際關係多於其他事情。這當然不是叫學生和家長不重視學業，但我們都知道身處香港的都

重回校園，同學們再次見面，肯定雀躍萬分，很想多與朋友知己傾談，親近親近。（Shutterstock）

市人都懷着一個很高效率的，一工作起來便可以開足引擎的「工作機器」，可是我們的孩子不是。他們儘管希望上課，但心中或有焦慮；他們很想見朋友，但又可能不知如何打開話匣子重新相處，這些是都是我們作為教師、家長需要留意的事情。

剩下的困難

分別的時間還是冬天，重聚的時候又將近學期完結，六年級的畢業生心中定然百感交集，猶記得「沙士」那年，所有的畢業活動都取消了，沒有畢業典禮、也沒有畢業聚餐、沒有畢業營……於是當他們長大以後，就成為了一個遺憾。所以如果條件許可，在遵從防疫指引底下，能夠簡單進行也是好的。

另外就是五年級的呈分試，由於不少學校均有跨境生及非華語生，在疫情期間，跨境生在內地要保持在互聯網學習已有一定困難，現時來往兩地過關程序仍未放寬，部分學校需選擇下個學年開始時再呈報分數，學校在安排上存有實在困難。部分跨境生家長更可能為免學生過長時間停止學習，有機會選擇返回內地繼續學業。如有些學校只有少數跨境學生，那更是處於兩難之中。另外，部分非華語學生在停課初期已返回家鄉，現時疫情的發展在東南亞仍然未如理想，有些國家疫情仍在發展高峰，部分學生返港無期，一來沒有機票，二來返港後也要遵守14日隔離的規定，所以不一定能夠如期應試，這些都是不少學校面對的困難。

維持生活的日常

但無論如何，我為到能夠復課而感恩，有困難，但總可解決，我們的力量就是能夠維持日常的生活，只要我們能恢復過來，學業也好，工作也好，總會慢慢好過來，這是我們對抗疫情的最佳武器。讓我們重新出發，維持我們生活日常的種種。

2020年6月11日

實體課堂與網絡課堂的想像

我們又回到了網上學習的日子，學生又要安坐家中，對着螢幕上課了。這樣的學習對學生產生什麼影響呢？又和實體學習有什麼不同呢？

以往的課堂……

在平日的課堂學習上，同學們坐在課室，座位整齊地排列着。老師站在中央，一眼關七，看着每一個同學是否專心，是否一邊看着課本，一邊聽着老師高低抑揚地朗讀課文。然後老師在黑板上用粉筆一筆一劃地摹寫生字，那時候大家會看見粉屑在撇捺間輕輕飄揚。

有時候，老師會提問同學，也許那時同學的心會怦怦急跳：究竟會不會要我回答呢？同學會不會提點我呢？幸好，這道題還很簡單。同學緩緩站起，信心滿滿地回答了這問題，老師即時在黑板上記錄了他這一組的分數。原來每隔兩星期，只要小組取得最高分數，就會得到老師的小禮物。這次是「6A森友會」的「至叻小人類」最高分，我則因為中文寫作進步了，老師在「技能樹」上把我的能力解鎖了，將我相片貼在上面。

有時候，老師會扮成書中的角色，七情上面，手舞足蹈，那一次他把自己扮成孫悟空，說了左一句「老孫」右一句「美猴王」，做着孫悟空的調皮動作，把我們整班全笑翻了。我至今還記得孫悟空那鮮靈活現的樣子，令我最後把整本《西遊記》都看得熟透了。

老師透過螢幕授課，學生也透過小小的螢幕看着她，有時候媽媽也會守在旁邊。（Shutterstock）

還有一次，老師看見我們考試成績退步了，便訓示提醒了我們一會兒，那時有同學一時意氣，頂撞了老師，把老師氣得責備了他好一陣子。我後來回想，也覺得我們這班有一段時候是散漫了些，班中的學習氣氛也沒以往濃厚。後來的日子，我們都集中了些，認真了些，畢竟快要畢業面對呈分試了。

老師見我們的表現有所改善，便加強訓練我們的思辨能力，安排了很多的分組討論，進行很多的分析和批判思考，讓我們面對升中面試也有充分的準備。

網上課堂之後……

老師透過螢幕看着我們，我們也透過小小的螢幕看着他。他知道我們希望回校上課多於在家，因為有時候媽媽也會守在旁邊，儘管她不會出現在鏡頭前面。老師如常的提問，不知怎的大家反而都變得踴躍了，爭取發言，希望老師即時解除我們的靜音模式，讓我們大講特講。可能現在提示我們的是爸爸媽媽，肯定不怕答錯了，有時候媽媽還嫌我不夠積極，在旁邊指指點點、擠眉弄眼要我多舉手回應，我猜其他同學也應該和我「同病相憐」吧。我知道媽媽十分掛心我的學業，現時她差不多每節也伴着我，除了體育課。究竟老師知不知道我們在「親子學堂」呢？晚飯時，媽媽對我說，李老師十分用心教你們，又關心同學，經常有個別提點，在限時裏面做到那麼多事情真不容易。我想了想，老師在這段期間相信也會很辛苦，他們實時網上教學，又拍教學影片、教材上載，還額外為未能在網絡上課的同學安排。

儘管沒有了老師平日生動的演繹，在一個小息中，老師和我們玩了個「收買佬」的遊戲，我們都將整個家裏的東西打翻了，十分刺激，因為大家都在自己的「主場」中。然後，又玩了「老師話」、「有口難言（猜動作）」這些集體遊戲，原來在網絡上這樣玩也十分有趣。忽然間，在一位同學的螢幕背後出現了一位只穿無袖背心的男士，還傳來了一陣很大的呵欠聲，原來是同學的爸爸剛在沙發睡醒了。我們整班同學立時轟然大笑起來，同學也面紅耳赤得尷尬地笑着。我想這也是在家上網課的限制吧，真的希望再快些和同學見面呢！

除了上課，還有默書，老師要我們準備好一張白紙，他讀出字詞，然後大家就在鏡頭前寫好，數三聲之後隨即把自己的字詞放到鏡頭前互相訂正。

我覺得這個做法也很好玩，比以往的默書刺激得多了，這令我更喜歡溫習。

就這樣，我就上了一段時間網課。有一天，聖誕假期開始了，忽然有人敲門，我小心地打開門，原來是老師為我送上一份聖誕禮物，原來是平板電腦！噢，我登時暈頭轉向……

「醒啦！上課啦！」媽媽在旁邊説。啊！原來是夢境一場！

這是一個虛構的故事，説明了實體課與網課的特色和異同，當中也有些地方值得我們留意，願我們的孩子能夠在疫情下保持強健的身體與學習的心。

2020年12月7日

作者簡介

黃家樑，教育評議會前副主席、中學通識教育科和中國歷史科教師、第三屆行政長官卓越教學獎得獎者、香港通識教育會副會長、普及國史教育關注組召集人。擁有多年教授通識科及中國歷史科經驗，經常在報刊上分享香港史、歷史教學及通識科教學心得，評論教育政策，並主講有關香港歷史、通識教育、公民教育和中史教學研討會，著有通識教育、香港史、中國歷史、中文教學書籍及教材數十種，包括《香港古跡考察指南》、《簡明香港歷史》、《漫談香港史》、《舊香港》、《香港倒後鏡》、《藏在古跡裏的香港》、《如何教好通識科》、《通識應試攻略》等。

疫情過後教育發展的轉變

因應新冠肺炎疫情，教育局宣布學校停課多月，在停課不停學的理念下，各中小學的電子學習亦全面鋪開，不少教師要將平日的教材整理和重新包裝，師生也使用各種教學平台，直接進行即時網上視像教學，過着「Zoom來Zoom去的日子」。至筆者執筆期間，復課的安排已在規劃之中，各中小學都積極準備和策劃，迎接「真實」課堂和校園生活的日子。經歷這次香港教育史上罕有的大事，究竟香港教育會有哪些轉變？這次疫情給教育界帶來什麼反思？

首先，筆者認為公共衛生教育將會重新獲得高度重視。為什麼筆者用上「重新」一詞？事緣近年香港幾次因疫情而停課中，以2003年沙士歷時最長、疫情最兇猛，短短一個月內病毒散播至醫院及社區，市民人心惶惶。因此，自沙士復課以後，教育界在校園公共衛生的措施自必有所加強，校園清潔消毒的工作全面鋪開，不少師生也養成患病戴口罩的習慣，簡單來說就是公共衛生意識有所加強。此外，有關公共衛生的教育亦受到重視，除了各類的講座或活動的滲透式學習外，2009年開設的新高中教育科也加入公共衛生的單元，傳染病更是當中重要的課題之一。

然而，事隔十多年後，雖然2008年甲型流感及2009年豬流感也曾經停課，每年冬季流感高峰期也對香港有所影響，但教育界跟當年相比，其公共衛生的意識、措施、教育等都是有所不及的。舉例而言，通識科的課程架構的設計，旨在讓高中學生享有文理貫通的教育，其中公共衛生更列為六大

電子學習在新冠肺炎疫情經歷了一次「大躍進」，大部分老師順利開展網上教學。（Shutterstock）

單元之一，但考評局在公開試的擬題明顯沒有體現對公共衛生的重視，在前五屆的公開試題目，除了第一屆的基因檢測技術，其餘題目都沒有以公共衛生單元為考問主題，即使偶有觸及整容或愛滋病等議題，也只涉及極少量的理科知識，至於大型傳染病的議題，如疫苗、藥物專利權、防疫措施等，更是從未考問。結果老師也不太重視公共衛生課題。筆者以為，這次新冠肺炎疫情正好是一次契機，提示我們要重新重視公共衛生的工作和教育。

疫情過後值得重視品德情意教育

第二，筆者認為品德情意教育也是疫情過後值得重視的項目。回想2003年沙士期間，香港面對疫情的重大威脅，全港市民上下一心，團結一致，齊心抗疫，各界也紛紛做出不同的支援活動。當然，這次新冠肺炎疫情也有不少社會人士從事上述的工作，但另一方面社會的分化和爭議似乎接連不斷。在各界齊心對抗新冠肺炎的戰役中，香港部分醫護人員置病人的生命健康於不顧，發起罷工，將自己的政治訴求與香港的安危捆綁，要求政府立即全面封閉進出內地的關口，背後是為了一己之私，達成自身的政治目的，最終令香港醫療系統陷入緊張。還記得2003年沙士期間，香港人最引以自豪的是醫護人員無私的專業精神，那時港人更嘲笑台灣醫護人員為免感染而當「逃兵」的事。

除此之外，政府推出其他抗疫措施之後，如限聚令等，不少人士和相關業界都只着眼於本身的自由或利益，未能從社會整體利益為優先考慮，甚至有公眾人物私下在酒吧聚會，為下一代留下一個壞榜樣。因此，從學校教育的角度，如何加強品德情意教育，培養新一代權利和責任並重的精神，在追求個人自由的同時重視社會整體利益，實在有必要加強。

最後，香港教育界電子學習在新冠肺炎疫情經歷了一次「大躍進」， 絕大部分的學校和老師已順利開展網上教學，老師和學生的教與學未有因此而停頓，學習進度基本上跟正常課堂相差無幾，教學質量亦相當不錯。這是香港教育界電子學習的一次「大躍進」，使用次數之多，形式變化之廣，運用深度之大，參與師生之數量、電子教學素質之提升，相信都是「前所未有」的。預計在疫情過後，正常校園生活恢復後，上課模式也會有所轉變了，在課後或假日期間，老師會更多地以電子學習方式監察和指導學生學習，從而改進同學自主學習的習慣。再者，在網上學習之下，甚至老師也可以擴闊學習和交流的圈子，以省時和便捷的視像通訊模式，跟不同學校甚至不同地區的同業一起研討，以收互相促進，增廣見聞之效。簡而言之，網上視像教學發展下去，其潛力驚人，更會顛覆傳統的學習模式和學習制度。

2020年5月13日

電子學習會取代真實課堂嗎？

因應肺炎疫情，教育局宣布學校停課，至今已長達兩個多月，各中小學的電子學習亦全面鋪開，不少教師要將平日的教材整理和重新包裝，變身為YouTuber，拍攝網上教學片段；或是使用各種教學平台，直接進行即時網上視像教學；又或是進行不同類型的網上測驗和功課，要求同學提交網上習作。就筆者在教育現場所見，香港教育界電子學習已經歷了一次「大躍進」，絕大部分的學校和老師已順利開展網上教學，學習進度基本上跟正常課堂相差無幾，教學質量亦有相當不錯。於是，不少人就會提出疑問，長此下去電子學習會取代真實課堂嗎？網上學習會否令學校關門大吉?老師又會否因此而失業呢？

事實上，如果網上視像教學推展順利，理論上每一級的不同科目，以致不同科目內的每一個課題，都可以由教育局安排，邀請該科的卓越教師拍攝教學片段，又或是學校之間組成學習社群，由不同老師發揮其強項，製作相關的教學短片。於是，學生可以不必回到學校，透過觀看片段而自學，教學素質亦有相當保障。這些課堂特別適用於單向的傳授型學習，用於講授基礎知識和理論尤其合適。如果學生一時間未明白教學內容，可以再三重看，逐步加深了解，藉以處理傳統課室中學習差異的問題。

如果想加強師生互動，或加入答問環節，可以安排和組織不同的老師在指定時間網上直播教學，學生自行上網加入相關網上教室。這樣的學習模式對自學能力強、社經地位高、處於高年級的學生相信會有一定效益，而同學更可因應自己的能力、興趣、進度而調整學習節奏，選擇自己所需的學習內容和份量。

在動機低的學生眼中，電子學習更可能成為逃避學習的機會。（Shutterstock）

另一方面，不同學生有不同的學習風格，但在以往學習模式中只能跟隨一位老師學習，而在網上教學的環境下，他們就可以自行選擇適合自己的教師，學習效能亦會有所提升。再者，在網上學習之下，學習者可以擴闊學習同儕的圈子，跟不同學校，甚至不同地區的同學一起學習，以收互相促進，增廣見聞之效。簡而言之，網上視像教學發展下去，其潛力驚人，更會顛覆傳統的學習模式和學習制度。

單純的知識傳授者，沒有「傳道、授業、解惑」的教學使命

然而，電了學習會取代真實課堂，引致學校關門和老師失業嗎？正如一些大型連鎖補習社，其補習天王的課堂亦有真人面對面講解（師生共處同一場地）和觀看電視直播（師生分處不同場地）兩種，後者其實接近今日我們正施行電子教學的拍攝教學片段和網上直播。由此可見，在這些補習社內，電子學習已經某程度取代真實課堂，並為學生和家長接受。究其關鍵，主要有三：第一，學生是付費出席，學習動機極強，在無人監管下仍盡力聽講。第二，學生追求的是應試策略和知識講解，而非要得到什麼人生啟迪或情感支援等非知識元素。第三，學生只期望單向式講解，學習過程中不必師生互動，也不想同學之間有任何互動。

由此可見，如果教師將自己定位為一部教書機器，在課堂上單向式和機械式的講授，過程中是照本宣科式的依書直説，試問跟看教學片後有何分別呢？這樣的教師被取代，恐怕也不是沒有可能？如果教師沒有專業的素質，在教學過程中辨識不同班別和學生的學生風格，找出其學習難點，再因應學生的能力和性格因材施教，而是千篇一律，照本宣科，這些教師被取代，恐怕又不是沒有可能？

再者，如果教師將自己的工作定位為「教書」，是單純的知識傳授者，沒有「傳道、授業、解惑」的教學使命，沒有想過以生命影響生命，沒有意圖透過師生的相處和互動，藉着建立彼此的關係，達到以身作則、身教言傳、啟迪學子等目標，這樣的課堂又何須面對面進行？這類課堂被網上直播所取代也不是沒有可能？又如果學校將自己的工作定位為「知識工廠」，只重學術成績而忽視全人發展，兩耳不聞身外事，一心只讀聖賢書，以致學生在學校未能學到人際相處、社交技巧、領導才能、情緒管理、人生規劃、多元興趣等，那麼留在家中看教學片段而回到學校，學生又會有什麼損失呢？

要言之，電子學習會取代真實課堂嗎？筆者以為只會在小程度上取代，或

只可作為正規學校課堂的補充，而且主要適用於學習能力高和主動性強的學生。年級愈高的可行性愈大，愈是單向式的知識講授就愈適合，愈是結構性強的課題就愈適合。反之，在低年級推行，恐怕只會苦了家長；在動機低的學生眼中，電子學習更可能成為逃避學習的機會；在艱深和爭議性的課題中，電子學習發揮的作用亦有局限。至於老師和學校的工作，應該從加強師生互動、注意照顧學習差異、留心針對式和支援式學習、重視品德情意教育、優化全人發展教學等方面入手，否則老師和學校在未來的某一天被電子教學或者智能機械人取代，亦不足為奇。

2020年4月6日

作者簡介

黃智華，現職小學校長。從事小學教學及行政工作超過二十年，具有學校管理及領導、推動學與教發展、建立校風及學生支援系統，及提升學生表現等豐富及成功經驗。由於黃校長曾調職至教育局質素保證分部視學組，到不同學校進行校外評核及重點視學工作，故一直熱心推動校本課程、STEM教育及資優教育的發展，2016年迄今之小學數學精英大賽擔任主席，籌辦全港性數學活動。

閱讀的寫作價值

經歷2020年新冠肺炎停課，相信你也會認同「學習」並不單是指學校教育，它是一種心態，一種帶着無限好奇心和求知欲觀察這個世界的意願。因此，我們要敞開心扉，體會豐富多彩的日常生活——感受天地的運轉和鳥兒的歌聲，跨越時空俯瞰歷史人物的成敗，欣賞能工巧匠與藝術創造，抒發自己的感情……要學習的東西這麼多，其實每天都有恒河沙數的機會能充實心靈。

寫作就是透過文字表達自我觀點與生命訊息，語言學家赫伯特（Humbolat）指出：「文字表達不是現成的『成品』，而是思維與心靈的活動歷程。」由此可知，語文能力是寫作的基本要素，但作文卓越的關鍵卻在於生命視野的深刻與開拓。對今日的孩子而言，要擁有這些歷程，比起行萬里路，或是從生活中獲取深刻的生活體驗，閱讀是最簡易有效的方式。奧地利作家茨威格説：「一個人和書籍接觸得愈親密，他便愈加深刻地感到生活的統一；他不僅用自己的眼睛觀察，而且運用着無數心靈的眼睛，懷着摯愛的同情踏遍整個的世界。」

閱讀是補給寫作能量最好方式

獲頒國際安徒生獎的中國作家曹文軒指出：「閱讀和寫作的關係，就是弓和箭的關係。寫作是一支箭，閱讀是把弓。因為我有15年的哲學閱讀史，當這些哲學文獻沉入我的靈魂裏血液裏，文學創作的時候，自然就流淌出來了。」寫作

家長作為子女的楷模，培養孩子的閱讀習慣至關重要。（Shutterstock）

是一個很需要靈感、想法、能量的活動，閱讀則是補給寫作能量最好的方式。如行雲流水的文字在你閱讀的時候，就會進入你的腦海世界，這些文字庫在你寫作的時候，靈光乍現，自然就會發揮作用。

美國青少年文學作家瑞奇•派克（Richard Peck）指出：「成為作者之前，須先成為讀者。」的確，孩子養成良好的閱讀習慣，需要從小扎根，孩子讀什麼書，閱讀興趣濃不濃，都影響着他今後閱讀能力、寫作水平、思維和表達能力的形成。哈佛大學第21任校長查爾斯•艾略特（Charles W. Eliot）博士說：「每個人都應該培養愛讀書和讀好書的習慣。這個習慣會帶來什麼好處，也許你現在還看不出來。但是等到20年以後，你就會為自己從書中得到巨大收穫而驚嘆。」他認為一般人只要按時閱讀世界名著，就算每天只花幾分鐘，也能陶冶性情。

小學階段正是培養孩子閱讀能力的黃金時期。家長作為子女的楷模，培養孩子的閱讀習慣至關重要。家長可了解孩子們的習慣和能力，提供合適書籍，給孩子「不被打擾的閱讀時間」，閱讀習慣就能慢慢養成。當孩子擁有一段時間不做其他的事，只靜靜看書，就能慢慢地感受到閱讀帶來的喜悅，培養出專注閱讀的習慣。閱讀應該是一種生活習慣，更是一種生活態度，讓閱讀進而成為一件自然而自在的事情。

英國哲學家培根說：「閱讀使人充實，談論使人機敏，寫作使人精確。」因此，有了看書的習慣「讀更多書」，也要有堅持寫文章的習慣「寫下更多想法」。尤其讀完一本好書之後，如果沒有作筆記、做書摘、沒有納為己用，其實在非常短的時間內，就會忘個精光。家長可以與子女分享閱讀，對讀過的好書進行思考，讓孩子建立自己的觀點，分享自己的感想，得到了好的提醒，自己也希望把經自己消化後的知識寫出來，整理成閱讀筆記。把思緒好好整理一番，然後再理順寫出來，不但幫助自己思考，也可以使自己對一些事或學習有更深刻的印象。將閱讀融入生活，寫作「像喝水一樣自然」。美國專門撰寫兒童和青少年讀物的作家雷夫•弗萊徹（Ralph Fletcher）說：「寫作的教室以文學作為基礎。」讓閱讀能夠成為子女寫作時豐富素材的來源，讓閱讀可以成為孩子根據題目自行寫作的材料，建構孩子閱讀與寫作的實力。文章自然就能寫得出來，慢慢地就能寫得好。

正如《聖經》所說：「那時他看見智慧，而且述說；他堅定，並且查究。」（約伯記28章27節）通過彙整、組織，抒發感受和見解，不但思考生活，認識世界，開拓生命視野，構思新穎的意念，下筆言之有物，並能選擇準確的文字，運用適切的修辭，更讓孩子們在閱讀與寫作中體會精彩的生命。

2020年9月16日

小孩不笨與學時、課時

你對新加坡教育的印象，最早由哪裏開始？還記得電影《小孩不笨》中，三個小孩讓大家看到新加坡的教育政策（學校和非學校）如何影響社會上每個人的生活。事實上，新加坡人的國際競爭力有目共睹，該國的教育制度在《2020年IMD世界競爭力年報》中排名第二，而麥肯錫公司在 2007年發表的研究報告中指出，新加坡的教育制度是全球公認最好的教育制度之一，並一直高踞「學生能力國際評估計劃」榜首或前列的位置。

學習不是輕鬆的事

學習肯定辛苦！據立法會秘書處資料《香港學生的整體學習時數及身心健康狀況》，本港中小學生一般上課時數為7小時，做功課平均約2小時，每日補習約0.7小時，即每日整體學習時間至少10小時。假若課後需要參加補習班或是課後輔導班，可說是，每天7時出門，晚上7時才回家，一天作息跟上班族沒兩樣。其實上課時間過長，反而消磨學習動力，扼殺了孩子探索個人興趣，以及培養多元能力的機會。適度的休息，才能強化記憶力。

學習不是輕鬆的事，新加坡也一樣。新加坡小學都實行半天上學，學生一般約下午1時便放學。下午的時間留給學生參加多元化的課外活動，換句話說，放學後的時間全歸學生自由支配。優秀的學生同樣要努力學習才能取得優異的學習成績。與此同時，學習宜重效率輕時數，社會應探討如何制

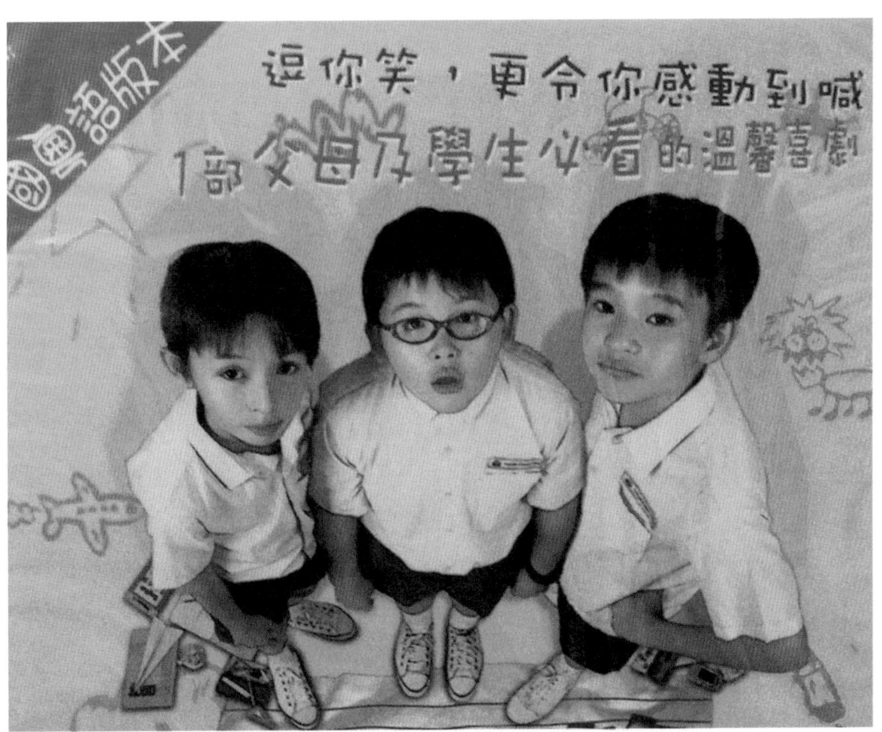

電影《小孩不笨》中，三個小孩讓大家看到新加坡的教育政策如何影響社會上每個人的生活。（Amazon）

定合理學習時數。讓學生健康、快樂成長，寓學於樂，並不意味孩子在課外不需要認真學習，不需要複習，反而可防止成績及學習動力下滑。

社團、體育、生活技能或社交活動都被視為在繁重的學習過程外，用來忙裏偷閒的附加活動。不過我們長大後都知道，最需要老師講課的科目都稱不上是真正的學習，能產生持續性累積效果的學習，往往來自於將知識實際應用在處理新的狀況和問題，或學生為了重要議題進行深入研究，以及同儕之間在各種活動與專題研討的互動。相較於短期的記憶，學習的體驗才能幫助學生培養能力，引發學生邁向不同人生道路的動力。

香港學校課程檢討專責小組最後報告（2020年9月）建議闡明「學時」（相對於「課時」）的概念，從而為學校規劃與課程相關的活動提供更大彈性。專責小組認同學習的模式已有所轉變，學生的學習不再局限於課堂和學校內時間（例如電子學習），亦已漸趨多樣。此外，各校校情有所不同，故支持學校更多以「學時」的概念規劃學生的學習。

未來的學校教育，仍須回歸到教育本質

新冠肺炎疫情的爆發及其後的停課，不但突顯推動課堂以外學習、自主學習及裝備教師適應新教學法的重要性，更促使我們思考基本教育的價值，將領我們邁向未來。教育是一門專業，正在成長中的兒童及青少年是學校教育的主要對象，由於學校的教學以班級為單位，一位稱職的教師想要進行有效率的教學與輔導，無論是網上教學或面授課堂均必須從智力、性向、興趣、成就、情意特質等方面，深切了解學生的個別差異和成長需要，始能誘導每個學生從事有意義和多元的學習活動。在整個教育進程中，教師應關注學生個別差異情況，不斷提供符合其發展階段的教育情境，適時給予各種發展機會，使每個學生的潛能得以發揮，並從學習活動中獲得成功感，以加強自信心，保持並增進繼續學習的興趣，促進自我的充分發展。瑞典兒童文學作家林格倫説：「如果學校不能在課堂中給予學生更多成功的體驗，他們就會以既在學校內也在學校外都完全拒絕學習而告終。」

學生具有個別差異，採用一致的教育作為，無法激發學生潛能。未來的學校教育，仍須回歸到教育本質——重視學生的學習。任何教育創新或革新，都要以提升學生學習成效為基礎。因此，提供學生彈性和適切學習，仍將是重要教育政策之一，如何調整學時、課時、課程、教學、評量與輔

導，以適應學生學習需求，值得關注。很多「停課不停學」的孩子最想念的當然不單是老師講課，而是和同學一起做動手做，和在操場跑跑跳跳，甚至排排坐吃小吃的時光。視訊無法提供同學間真實的社交互動。這也提醒我們更寬廣的學校價值，並不局限於傳遞知識，幫助孩子發展正向的社會情緒發展，學習經常被忽略的生活技能，也是重要的教育目標。

教育家葉聖陶説：「培育能力的事必須繼續不斷地去做，又必須隨時改善學習方法，提高學習效率，才會成功。」學校為學生最重要的學習場所，讓學生有效學習委實是學校最重要的任務，故教育政策規劃與執行，當以學生學習為優先考量。教育的本質正是「改變」，透過改變現在，我們看到未來的希望。疫情終有一天會過去，香港小學教育的參與者要打破「學習時間長，學生就可以學更多東西」的迷思，考慮一個理想的全日制安排，檢視、反思和調適整校課程規劃，着手改變時間表，以善用學生的「學時」及促進學生全人發展的需要，並考慮課堂以外新的學習模式，真正新的學習世代才算正式來臨。

2020年11月20日

作者簡介

林偉強，持有電腦工程學士，大學畢業後當上小學教師，曾任教育局資訊科技借調老師，多年來積極關注及推行不同電子學習計劃。其中曾加入本港兩大出版社撰寫數學、常識及資訊科技教科書，並協助多間小學進行電子教學計劃。近年教育局大力推展STEM教學，故毅然放下教席，全心投入STEM行列，現任創意力量教育中心總監。

「新常態」教學

事先聲明，這篇文章純100%個人觀感。可能近年受到環境的影響，令心中儲存很多不快的思緒，只想藉此吐吐心中鬱結。適逢最近本人生日，乘着限聚令放寬下，舊同事、好友紛紛相約慶生。由於他們都是前線的小學同工，傾談內容自然也離不開教育話題。尤其新興的一個詞語——「新常態」。相信我們對這個名詞並不陌生，我也不在此多作解釋了。

我們傾談的主題當然是「停課不停學」啦，內容包括學生利用什麼視像會議軟件上課，利用哪個學習平台收發家課，時間表怎樣妥善安排，學校行政如何完美配合……可能我們物以類聚、臭味相投，整個談話內容也是充滿負能量。當然我不排除近年的環境氣氛影響，或是人性本身大多喜歡雞蛋裏挑骨頭，傾談內容只彈沒讚。

我們最終認為現處於所謂新常態中的教學環境十分失敗，教師教學效能大減，學生學習成效低，真的有很多地方需要改善。其實本人認為香港的教師們真的很了不起，在我20多年的教學生涯中，看過不少對教師們有很大挑戰的事件，教師也能一一度過。其實細心想想，這些「大挑戰」都對教師帶來一個又一個教學上的新常態。

大量行政教學工作不敷應對

單看這次的「新常態」，除2019冠狀病毒引致教學環境180度轉變外，對沒有任何相關專業培訓下的教師，及未有任何處理經驗的學校來說（與2003非典型肺炎時期處理完全不同），實是一項艱巨的挑戰。學校迅速安排多個會議，行政人員設立既切合學校的實際環境外，也能同時配合教育局的指引，製作一系列相關的文件給老師，又購置相關的器材（不論是校內軟、硬件設備、教師培訓等，學生上網課需要的硬件也要處理）。

教師除根據文件進行相關的工作外，也要為網上實時教學及網上家課收發及批改的工作做準備。同時，因應每天疫情的發展，教育局也做出相應的對策，然後學校又要做作出配合，會議、文件編製、文件發放等沒完沒了。不過大家明白為學生、改善疫情着想也樂於接受及合作。

教育局這時候更「錦上添花」，加入「主題式重點視學」，令不少學校為此做出準備及效法，自行設立不同的要求，如在視像課中加入不同的元素，務求令課堂活潑、生動。又要設計讓學生得到高學習回饋的課堂，為學生設計高效能的分組活動等等。此舉令教師們主動渴求校方/教育局舉辦工作坊，希望從中學習一些可令課堂增加互動的Apps或平台。教師製作大

今次教師面對新常態的網課要求，得到什麼支援、培訓呢？（Shutterstock）

量電子功課，希望可在此「停課不停學」的時段，讓學生可以如同回校上課一樣充實。同時如真的獲得教育局的邀請，進行相關的重點視學時也不至令學校蒙羞，最基本的亦可於考績觀課時達到學校的要求，獲得優異的表現。

以上看上來十分美好，學生、教師、學校、教育局獲得四贏的局面──這個說法真是痴人說夢！

不要忽視網課難以互動

2020年3月16日教育局網頁中提到：

試想想年紀尚小的幼稚園及小一、二學生，以及有專注力困難的特教生可否安坐在電腦前「上課」數小時？長時間接觸電子屏幕會否損害幼兒眼睛健康？因此，學校須考慮這些同學的情況。至於其他學生，每節及總體網上課時亦不可太長，兩節之間亦應有休息時段。一般而言，網上授課無須依照平日的學校時間表進行，每節課亦應較正常課堂為短，而且年級愈低課時應愈短，以保持學童的學習興趣。

同時我參考一些資料，每課節不應多於20分鐘。要教師們將原有30至40分鐘的課時，濃縮至20分鐘，還有學生在家中上課的專注能力，軟、硬件及網絡的穩定性（很多IT名校常常標榜學校內的超級電腦有多強、超光速的網絡及寬頻上網速度有多快，相信校內創意強過喬布斯及IT能力超越蓋茨的教師，也沒可能解決學生家中軟、硬件的問題吧？），更要兼顧教授如同日常上課的緊逼課程。

有可能再加上一些分組活動嗎？就以現今最受歡迎的視像會議軟件為例，如真的使用過的人便會知，只是分組及取消分組所需的時間已要約兩分鐘，佔整個課節十分之一的時間。分組進行時，教師又要到不同的組別往來穿梭，實在難以掌握各組的討論情況。當然視像課中加入令課堂活潑、生動的元素、設計讓學生得到高學習回饋的課堂是十分重要的。

新常態教學　舊常態評核

這些設計，真的要用Apps或平台運作才算「見得人」嗎？有沒有想過學生家中除智能電話外，大多只得一部上網裝置？要學生用一部裝置，進行兩個Apps或平台的運作，學生真的能順暢地操控嗎？是否掌握大權的人，忘記了還未有資訊科技教學的時代時，不是也能教出出色的學生嗎？教師的堂課設計、有效的提問技巧等等，難道在網課中便變得不重要嗎？不論之前大大小小的教育事件/改革，學校、教師們也能硬着頭皮闖過去。

今次教師面對新常態的網課要求，得到什麼支援、培訓呢？教師感到徬徨、無助是必然的。隨着時代的轉變，教師既要學習在新常態下進行教學，為什麼評核的方式卻不會以新常態的角度和要求去檢視呢？

還有其他問題（如批改家課、評估等問題），相信我也不用多說，教師們已如啞子吃黃蓮了。但在我眼中，每次的挑戰都對教師帶來一個又一個教學上的新常態，教師、學生、家長也能一一攜手度過。因此，我非常相信現今我們處身於的新一個新常態也很快會被我們衝破。

2021年10月3日

作者簡介

倫雅文，香港中華基督教會協和小學（長沙灣）圖書館主任，香港學校圖書館主任協會理事，香港大學專業進修學院圖書館及資訊學兼任導師。2019年，獲學校圖書館主任卓越成就獎，另外，於優質圖書網絡嘉許計劃2016中，獲得「閱讀推廣」及「領袖培訓」兩個領域的獎項。2018年，獲香港教育局邀請，拍攝有關閱讀推廣之教育電視節目。於第八屆世界華語學校圖書館論壇（2019），作為香港代表，發表論文。並曾獲香港教育局、香港出版學會等機構邀請，分享閱讀推廣的心得及對閱讀教育的看法。自覺幸運又幸福，因為能每天埋首於書堆中和浸泡在孩子們的笑聲裏。

當疫病把全世界囚禁住了

人間四月，是北半球的春天，應該是「一樹一樹的花開」；清明，萬物生長此時，應該帶着清清淺淺的笑意。可是，疫病把我們囚禁住了。

疫情兇猛，把我們的距離拉遠了，學校停課，已經兩個多月。我們嘗試用科技把彼此的距離拉近點，於是，我們有了各種模樣的網上課堂。從研究院一直到幼稚園，波瀾壯闊，半點沒誇張。兩個多月下來，大、中、小學等都有網上學習的需求，老師苦心鑽研如何隔空授課；學生由怎麼登入、怎麼「舉手」開始，努力適應；家長從配置器材、騰出家裏的上課空間，甚至從旁督促子女，積極配合，如何停課不停學，成為一時「顯學」。

福禍相倚，一體兩面。假設任何事，哪怕是再糟糕的事情，都有其得失，這次疫情過去之後，當我們重新審視這一波劫難在沉重代價以外的所得，網絡教育實行方面的飛躍，必然會在清單之內。沒錯，學到了什麼很重要。在一片「停課不停學」的呼聲之中，孩子最需要的，到底是什麼？疫病來襲，社會的部分運作緊急停擺，這不幸的事實無法改變，但我們可以藉此在孩子的心裏留點什麼？使這次戰疫，在他們的成長上發揮到積極的意義？

衞生意識與照顧自己

「保持衞生，好好照顧自己」，相信是孩子們所學到的，最直接鮮明的課題。性命攸關，社會整體的衞生意識驟然提高了。鋪天蓋地的報道，連小孩都知道病毒的傳染力驚人，要勤洗手，注意衛生。相信，這有如17年前沙士（SARS）時一樣，保持清潔的習慣和方法，會變成生活信條，甚至民間習俗，深深印在這一代人的腦海裏。

關懷顧念和思考能力

網絡聊天現在成為我和同學們溝通的常態，孩子在線上向我抱怨很久沒有出去曬太陽了，更多的是訴說特別想念學校和一些多月不見的人。有些人平日天天見、常相聚，現在突然見不着，特別讓人擔心記掛。他們可能是學校裏的同學、興趣班的朋友，也可能是住得比較遠的，因為疫情而鮮有外出的外公外婆、爺爺奶奶……

情，無論何時何地，都是生命中最珍貴的東西，赤子之心對情的感應尤其敏鋭。我們要欣賞孩子的善良，鼓勵孩子表達自己的感受，給想念的人送上問候。等疫病消散，我們記得好好擁抱！欣賞孩子柔軟的心，懂得顧念和關愛。既然疫病把我們囚禁在家裏了，那就善用在家的時間，就疫情的

瘟疫蔓延時，突顯自律的重要：恪守本份，約束自己，同舟共濟。（Shutterstock）

新聞，引導孩子思考更多。關心社會：想一想，疫情下，社會上有需要幫助的人，付出關懷；想一想，疫情下，幫助我們的人，心存感恩。關心世界：看一看，地球的另一端，那裏的孩子是不是和我們一樣也停課了呢？關心地球：想一想，為什麼人們説病毒的源頭是野生動物？想一想，人類究竟做了什麼？想一想，我們是不是虧欠地球太多？還可以補救嗎？

訊息真偽與資訊素養

網絡科技的發達，24小時無間斷為我們帶來外面的消息，我們即使深居簡出，仍然眼看四方、耳聽八方，但同時考驗着我們的判斷能力。記得，有一段網上瘋傳的短片，講述意大利威尼斯因疫情爆發，人類活動減少，天鵝「回歸」運河上暢泳，其後證實是假消息。疫情襲港之初，也流傳過一段短片，片中描述一本地醫院要醫護人員自費購買口罩，引發廣泛討論，及後被發現內容並不屬實，醫院作出澄清，風波才稍為平息。虛假的消息，在太平日子，可能引起一場虛驚。在疫症蔓延的當下，小則引發民眾搶廁紙，大則引起更大的恐慌，足以使天下大亂。

「輕聽發言，安知非人之譖愬？當忍耐三思。」──《朱子家訓》

「謠言止於智者」，這是古老的智慧。在21世紀，發言更隨便，聽言也更便捷，我們更要藉此教育孩子，不能輕率，謹慎思考非常重要。

同樣道理，世界如此紛亂，這次我們的考驗是疫症，而我們不知道下一個考驗會是什麼。我們藉此要教給孩子正確的觀念，不人云亦云，也不譁眾取寵，不隨便轉述未經證實的消息。蘇格拉底説：「當你要告訴別人一件事時，應該用三個篩子過濾一遍！第一個篩子叫做真實。」可見，這是東、西方哲人的處事原則。放在現今社會，就是資訊素養，其實也是為人處世的正道。

自律慎行和品德修養

當疫病把全世界囚禁起來，同樣也把全人類的命運綑綁起來。瘟疫蔓延時，突顯自律的重要：恪守本份，約束自己，同舟共濟。相反，放任妄為，自私自利，害人害己。共同抗疫，不免犧牲部分個人自由，知易行難，不妨信手拈來和孩子討論：醫學上肯定了保持社交距離，有助中斷病毒的傳播鏈，但在非常時期，反面教材卻比比皆是，外出旅遊、逃避檢疫措施等不配合防疫工作的，仍然大有人在。難道為了個人的自由和喜好，就可以為所欲為，罔顧公眾利益了嗎？這值得引導孩子深思。

世間浮躁，怨念累累，眾聲喧嘩，我們要教育孩子自律慎言。既然我們的共同對手是病毒，世界上沒有誰能獨善其身。那麼，世界上也沒有任何一宗感染個案是值得慶賀的，無關身份、職業、國籍和種族⋯⋯每增加一個患者，都增加了其他人感染的風險。這除了是患者本身的不幸，也是整體的不幸。「沒有任何災難事不關己，沒有任何痛苦應該幸災樂禍！」慎思因果，自律自重，謹言慎行！這是品德，也是修養。

停課不停學，也是一種經歷。一場疫症，教會人們的事情太多，可以告訴孩子的事，也實在太多了，多到難以用網課來承載，也未必就比上學時所學到的少。讓孩子張開眼睛──世界上每一天發生的事都是教材；生活中每一個場景都是教室；人生的每一步都在學習──不為疫病所囚，停課未停學，説的不只是孩子，而是我們每一個人，只要我們願意。

當疫病把全世界囚禁住了，2020年的4月，香港很多家庭過了一個不掃墓的清明節。「人間四月天──是愛是暖是希望」，草木回青，萬物萌發，清潔而明淨，清明這個節氣，透露的是季節過渡，也是新希望、新生命的象徵。我們曾經有過這樣的傳統：清明插柳，祈願平安健康；斷風箏線，讓風箏隨風飛走，寓意霉運和疾病一起被帶走。多麼希望，當春天過去，我們就會突破重重圍困，從病魔布下的樊籠裏釋放出來。

2020年4月16日

作者簡介

張海暘，土生土長香港人，曾任新聞工作者，後轉行當教師。十多年來在香港、韓國及越南各著名國際學校任教，熱愛語言教學，精通中、英雙語及文化，略懂韓語。先後畢業於不同專業，包括中、英文以及教育系，對商業管理、神學以及教育領導也有涉獵。曾為香港著名IB學府編教案教材，同時為註冊SAT監考員。在韓國工作三年期間，曾連續兩年籌辦全國性的中文老師研討會，與會者來自香港、澳門、新加坡、台灣和韓國，對不同體制具備多年經驗與心得。目前任職於越南胡志明市一所國際學校，雖然人在異鄉，仍時刻關注香港，個人定位是不藍也不黃，只追求好的和對的人與事。

這是最好的時代，這是最壞的時代

新年伊始，不管是疫情發展還是全球政局，依然存在無限的變數。在這種「摸不清、看不透」的亂世裏，我們除了要選邊站以外，還得對自身的環境有一個相對透澈的了解：希望明天會更好，但同時也得做好最壞的打算。

狄更斯在《雙城記》裏寫過：「這是最好的時代，這是最壞的時代；這是智慧的年代，這是愚蠢的年代；這是信仰的時期，這是懷疑的時期；這是光明的季節，這是黑暗的季節；這是希望的春天，這是絕望的冬天。」

筆者相信，這幾句遺留千古的名言，用在今天也一樣合適。

宜靜不宜動的觀察時機

通過本文，我希望可以從紛亂的世局，回到個人的安身立命。不管我們身在何方，都必須對未來的一兩年有一個計劃打算。而對於港人而言，不管閣下的「顏色」立場如何，我相信大家最近的焦點都一定放在英國。長遠來說，這當然是一個合理的選項；但就目前而言，我倒覺得是見仁見智。時隔一年，疫情不但沒有放緩的趨勢，反而有一種愈演愈烈的感覺。大家要是去看看英美等國的感染數字，相信必定會有所領悟。

動有時，安靜也有時。個人認為目前不是動的良機，而是安靜觀察的時機。在香港，人們非常容易隨大勢走向產生一種末日恐慌……搶米、搶口罩、搶兑換美金，和搶賣樓套現。這種時刻，你稍欠膽識和視野，都很容易作出輕率無理的愚蠢決定。

儘管香港的前途並不樂觀，但比起許多其他的國家來說，我認為醫療和生活還是相對有保障的；要是你不確定新的地方是否會更好，特別是疫情控制這方面，不動比較高明。除非是你的生活已成問題，否則，也不必匆匆把自己的物業恐慌拋售以兑換現金。當然，我不是什麼投資理財專家，以上的意見不一定中肯，但有一點倒是可以肯定的：如果你看見大家都在盲目地、一窩蜂的去做一件事兒，那麼你最好就是立馬抽身而出，千萬不要再跟從下去了。

生命安全與生活質量的抉擇

那麼，可能會有讀者問：你之前不是提過要盡快離港的嗎？當時，筆者確實説的不夠仔細，這裏向大家道歉。我想説明的是：如果可以選擇，離開絕對比留下好，但大前提是不能冒生命危險。目前連普通的出國旅遊都存在莫大的風險，更何況是一家大小移民呢？

在1月28日，越南靠近河內的幾個省份，爆發了第四波疫情；儘管刻下的感染人數還不到100人，政府也在短短一天內追蹤、封鎖和頒布新的防疫措施，此次爆發也估計不會波及全國。但筆者在文首説過，目前的亂局還看不到絲毫結束的兆頭，因此，我和家人在可見的將來，仍然會留守越南胡志明市──儘管越南暫時還是無法超越筆者以前生活過的香港和韓國，甚至比這兩個地方還要更落後一點兒，但至少在生命安全和生活質量這兩個範疇，還是令人相當滿意和放心的！

一個月前，筆者就把銀行裏的大部分積蓄，決定在疫情還沒結束、邊境還沒開放和地鐵仍在興建之際，投資西貢的房地產，希望不再過租賃的生活，買入市中心的一個單位和家人自住（此後有機會也樂意分享在這裏的投資點滴）。當中經歷的波折和風險，也是不足為外人道的……我本身是一名基督徒，因此把這次投資前後的種種困難，都完全交託……對未來一兩年的生活也有了一個基本藍圖，正在努力實踐，但所謂成事在天──把該做的都做到位了，對人處事也選擇自己相信是正確的方向走，期待疫情真正過去的那一刻來臨。明天？我相信一定會更美好！

2021年2月5日

新冠疫情爆發後，越南首都河內市的居民駕電單車時都戴上口罩。（Shutterstock）

作者簡介

劉鴻輝，現職小學教師、校董。香港城市大學應用中文副文學士、嶺南大學中文文學士（一級榮譽）、香港中文大學宗教研究文學碩士，擁有教育文憑及特殊教育資格，歷任中大宗教研究文學碩士課程校友會主席。有多年任教中、小學經驗，經常在報章分享教學心得、評論教育政策，時常參與宗教事務，為香港道教聯合會會員。對文史、哲學、宗教等皆有興趣，尤好周易、道教、佛教與南洋風俗，曾以筆名：鴻飛出版《世界附靈實錄》、《香港種生基實錄》、《泰國佛牌實錄》、《泰國佛牌實錄2》等書。

教育錯在未說好中西方的故事

教改的目標是培養適合新時代發展的良好公民。然而，年輕人在社會動亂時的表現，與此目標似乎相去甚遠。輿論雖向通識科問責，但這仍遠遠未觸碰到癢處：從課程到考試，既沒有說好中國故事，也沒有揭露西方醜陋，絕對是教改其中一個該被詬病之源。不打破「外國月亮特別圓」，建立正面面對祖國崛起於世界的價值觀，教育將沒有出路。

對中西方認知均不足

對於過去的中國故事，教改選擇可以不提便不提：取消初中必修中史科，後經業界爭取才以「濃縮版」再現；中國文化科則隨預科成了歷史；中國文學科也在萎縮殘存；中文科就變為讀、寫、聽、說的能力培訓。我國優良的文史哲精神文明，於中小學課程幾近沒有個體面的立錐之地。

在不重視文科的前提下，世史科的處境亦好不了多少，可是不提也有不提的好：於文藝復興前的歐洲，總體都不如同期的中國；踏入大航海時代，歐洲的歷史基本就是一部侵略、殖民的「黑歷史」。

前置認知不足，高中又只有三兩科選修，往後更是愈讀愈專，如此，怎能讓學生對中國、西方、香港的過去有準確認知？又如何預想世界發展？

我敢斷言不少學生會幻想英殖香港是個講制度、沒貪腐、倡平等的烏托邦，對西人欺壓華人、在港貪污斂財；英首相在二戰時視香港如棄卒……

種種劣跡一無所知。社會至今仍普遍有能說一口流利英語，便高人一等的思維，說穿了多少緣於媚外作祟，對英殖留戀，盲目憧憬白人至上。

中學課程「崇洋媚外」？

對當代中國的故事，教改在上世紀末，資本主義優於共產主義的理論氛圍下，不但在商科集中教授市場供求的資本理論，缺乏對現行中國模式的正面探究；而且各學科提及制度時，往往又高舉西方民主、自由的一套，鮮有討論其缺點。相反，通識科「現代中國」單元，就更似為講授中國發展未完善的問題而特設。

無怪乎，學生可以就內地三農、城鄉差距、環境污染等，說得頭頭是道，認為國內是個民不聊生的落後地獄鬼國，即使看到居民生活素質大幅提升，在科技等多個範疇已超前香港，也一廂情願地覺得是造假。

不過，對西方資本剝削、操縱市場、壟斷傾銷、國債高企等等，不是充耳

筆者斷言不少學生會幻想英殖香港是個講制度、沒貪腐、倡平等的烏托邦，對西人欺壓華人、在港貪污斂財；英首相在二戰時視香港如棄卒……種種劣跡一無所知。圖為1960年代的維港景貌。（Wiki Common）

未聞，就是趨之若鶩地當作是成功之道。更甚是把西方四處挑起戰爭，弄得生靈塗炭，視為推翻獨裁、解放當地人的「義戰」。如果教育其中一個目的是為學生應對未來的話，從結果論，當今中國處於上升軌，英美卻走下坡，那教改還算達標嗎？

教改錯估前瞻能力

學、教、評既為一體，不應只將矛頭指向課程，而忽略撻伐考評局，何況香港學界終歸以考試主導，公開試的出題方向無疑是教學風向標。可惜，考評局特別喜歡在答題技巧上花心思，想出諸多別出心裁的提問方式。

譬如，中文科閱讀卷有好幾次所引篇章的作者，都表示沒想過自己的文章可如考評局出題者般解讀。又如2020年歷史科那道惹爭議的考題，明顯是過份鑽技巧的牛角尖，而罔顧日本侵華史實對民族情感的傷害。試卷與其在花招上下功夫，不如在實質內容方面多着力，不是更能篩選出有真才實學的學生嗎？

基於考評局在現行制度下，有決定性條件做到以評帶教與學，要是公開試能多問幾條題目反駁「中國威脅論」；指出西方雙重標準干涉別國內政；述及我國該如何走民族復興之路；分析一國兩制優勢，甚或多考忠孝仁義的名句名篇，學校在課時緊絀的課堂上，還能容得下其他歪道邪説嗎？學生有了一定認知，仍會輕易受無稽之談煽惑嗎？

總括而言，教育確實要有前瞻，無奈教改在設計時錯誤預估能力導向，可使學生立足世代。同時，在知識層面上，除了沒糾正英殖的隱諱流弊，沒將該批評的昭示，甚至連該説好的中國故事，也沒教好，哪算符合求真精神？既然作為脊樑柱的理念基礎從開始已歪了，又豈是殺通識一科便能挽狂瀾於既倒？若不在學、教、評各個關節，大刀闊斧革新，僅在枝枝末末小修小補，教育依然會在死胡同打轉。

2021年2月8日

教育評議會簡介

教育評議會（教評會）於1994年10月成立，由一群熱心教育工作、緊守教育崗位、關注教育事務、有志影響教育政策的教育工作者所組成。教評會在過往25年，致力於「研究、評議、實踐」，持續對教育政策建言，影響決策，發揮專業力量。2019年為教評會銀禧誌慶，走過四分之一世紀，面向而立，教評人心事浩茫，仍心繫教育，緊守教育現場，回顧前瞻，堅持走教學專業之路，不因為甚麼，只因孩子是我們的未來。

主席	何漢權						
副主席	蔡世鴻	陳玉燕	吳嘉鳳	朱啟榮			
秘書	周鑑明						
財政	馮文正						
出版	曹啟樂						
執委	鄒秉恩	陳偉倫	蔡國光				
增選委員	楊佩珊	馮穎匡	翁美茵	潘詠儀	劉湘文	林日豐	許為天
	黃冬柏	鄧兆鴻	梁鳳兒	周慧儀	黃靜雯	張家俊	鄭家寶

如認同教育評議會的宗旨和工作，歡迎加入本會成為會員或捐助本會。

姓名：（中文）______________（ENG）______________

聯絡電話：______________

本人有意　☐ 加入成為會員，請將「入會申請表」傳予本人：

傳真號碼：______________；（或）

電郵帳號：______________

☐ 捐助教育評議會 $ ______________

請查收劃線支票（支票抬頭：教育評議會）：

銀行：______________；號碼：______________

（或）存款ＥＴＣ轉帳收據（匯豐銀行004-580-173318-001）。

填妥上表後請郵寄或傳真交回教育評議會。

香港新界上水清城路 8 號風采中學 轉交教育評議會

傳真：24683935

教育，花開不落
Education, Enduring Beauty of the Blossoms

出版：　中華歷史文化獎勵基金有限公司

地址：　油麻地彌敦道522號金龍商業大廈19樓

電話：　2117 0050

傳真：　2117 3952

網址：　www.chcef.com

主編：　何漢權、黃冬柏、文灼非

編輯：　凌嘉偉、黃文傑

製作：　灼見名家傳媒

設計：　andConcept Design

發行：　香港聯合書刊物流有限公司
荃灣德士古道220-248號荃灣工業中心16樓

印刷：　利高印刷有限公司
香港葵涌大連排道192-200號偉倫中心二期11樓

出版日期：　2021年9月初版

定價：　港幣78元

國際書號：　978-988-75927-0-9

圖書分類：　教育

本書所有收益，扣除開支外，將捐予本港慈善機構。